Allan Guggenbühl

Pubertät – echt ätzend

Allan Guggenbühl

Pubertät – echt ätzend

Gelassen durch die schwierigen Jahre

KREUZ

FSC
www.fsc.org
MIX
Papier aus verantwortungsvollen Quellen
FSC® C083411

Überarbeitete Neuausgabe. Titel der Originalausgabe:
Pubertät – echt ätzend. Gelassen durch die schwierigen Jahre.
ISBN 978-3-451-05482-2, © Verlag Herder GmbH,
Freiburg, 2000

www.kreuz-verlag.de

Umschlaggestaltung: Sabine Kwauka
Umschlagmotiv: shutterstock 217332193, Antlio

Satz: de·te·pe, Aalen
Herstellung: CPI books GmbH, Leck

ISBN 978-3-451-61330-2

Inhalt

Zeitdruck, Stress und keinen Dank: Erziehung zwischen Verzweiflung und Herausforderung

»Ihr seid die größten Ötzis der westlichen Hemisphäre und außerdem absolut megabrutal zu mir!«, empört sich der vierzehnjährige Sohn. Seine Mutter ist entsetzt. Wie wagt er in einem derart despektierlichen Tonfall mit seiner Mutter zu reden, nur weil sie sich weigert, ihn zu einer Bushaltestelle zu fahren, die fünf Fußminuten von zu Hause entfernt ist! Die Mutter überlegt sich, ob nicht doch ein temporäres Ausgangsverbot ausgesprochen, das Taschengeld gekürzt werden sollte oder vielleicht doch wieder einmal ein ernstes Gespräch angesagt ist. Bevor sie jedoch ihre Gedanken ordnen kann, kracht die Haustür mit voller Wucht in den Türrahmen und löst eine mittlere lokale Erschütterung aus. Die Mutter schnappt nach Luft: Ist dies ihr Sohn? Wie kommt er überhaupt auf die Idee, er werde von ihr eingeschränkt? Haben sie und ihr Mann ihn nicht nach den neusten, liberalsten Erziehungsideen erzogen? Selbstständigkeit, Unabhängigkeit, Anstand und Ehrlichkeit waren ihnen wichtig. Sie erinnert sich an früher, wie er als hübsches Kleinkind durch die Wohnung stolperte, freudig zu Musik seinen Körper auf und ab wippend, und sie jeweils fest umklammerte, wenn sie ihm von der Vogelbande oder dem Wolf erzählte. Ist ihr Sohn der gleiche Mensch? Die Erinnerungsbilder wirken irreal, wenn sie an den jungen Mann denkt, der sie und ihren Mann mit Elektro-Musik terrorisiert, jeden Tag neue Forderungen stellt und vor allem seinem Haupthobby – Erwachsene ärgern –

frönt. Obwohl er sich immer wieder unflätig verhält und den Eindruck vermittelt, mit den schlimmsten Eltern der Welt gestraft worden zu sein, verlangt er natürlich, dass täglich das Essen serviert, seine Handyrechnung bezahlt und sein Lieblingsshirt jeden Abend gewaschen wird, damit es am nächsten Morgen parat in seinem Schrank liegt. Die Eltern sollen parieren, sind dazu da, ausgenutzt zu werden, und wenn er großzügigerweise den Müllsack auf die Straße stellt, dann muss dies gefälligst als großartiger Gemeinschaftsbeitrag die nächsten paar Monate jeden Tag erwähnt und finanziell entlohnt werden. Mit halbwüchsigen Söhnen oder Töchtern unter einem Dach zu leben, ist nicht einfach. »Kleine Kinder, kleine Probleme. Große Kinder, große Probleme!« Anstatt die Früchte der erzieherischen Anstrengungen genießen, sich innerlich zurückziehen und sich zusammen mit den Jugendlichen auf literarische, philosophische oder Themen der Freizeit konzentrieren zu können, stehen neue, noch extremere Auseinandersetzungen an.

Obiges Beispiel ist extrem, doch bei allen Vätern und Müttern läutet die Pubertät ihrer Kinder eine *neue Epoche* ein. Auseinandersetzungen mit halbwüchsigen Jugendlichen ernüchtern. Verfüge ich überhaupt noch über Einfluss, wird zu einer bangen Frage. Schwierig ist auch, dass der eigene Sohn oder die eigene Tochter sich zunehmend verschließt. »Mit dir rede ich bestimmt nicht darüber!«, ertönt es barsch, wenn man sich nach ihren Schulsorgen oder privaten Problemen erkundigt, oder sie sagen kurz: »Geht mir gut!«, und damit hat's sich. Viele Eltern werden zynisch, fühlen sich verunsichert oder konzentrieren sich auf bescheidene Ziele. »Wenigstens kifft er selten und trinkt nicht!«, tröstet der Vater eine aufgeregte Mutter, die feststellen muss, dass ihr siebzehnjähriger Sohn nicht daran denkt, seiner Mutter mitzuteilen, wann er nach Hause kommt. Konnten wir unsere erzieherischen Vorstellungen umsetzen? Ist unser Familienleben normal? Eine Kluft zwischen den ursprünglichen Zielvorstellungen und den Realitäten des Zusammenseins tut sich auf. Die meisten Eltern haben nicht das Gefühl, ihre Kinder hätten sich schlecht entwickelt, seien verwahrlost oder problematisch. Meistens ist man insgeheim immer noch stolz auf die eigene Tochter und den eigenen Sohn, doch ursprüngliche Träume und Fantasien zerplatzen. Suchte ich nicht in meiner Tochter eine verständnisvolle Kollegin? Wollte ich nicht später meine Wanderleidenschaft oder mein Biker-Interesse mit meinem Sohn teilen? Stattdessen interessiert sich die Tochter nur für die Schule und der Sohn schenkt seine ganze Libido dem Computerbildschirm. Wie können wir halbwüchsigen Kindern begegnen?

Das Bedürfnis, diese Fragen durchzudenken, meldet sich meistens bei Schwierigkeiten. Als Vater oder Mutter, jedoch auch als Lehrperson werden wir oft von den andrängenden Problemen und Herausforderungen überrascht, sind nicht darauf vorbereitet. Man hat das Gefühl, erzieherisch versagt zu haben. Wenn die Kinder pubertieren, zerstört eine andere Realität die wunderbaren Leitbilder, an die wir anfänglich glaubten.

Die Einzigartigkeit des Menschen

Erziehung lebt von der Einzigartigkeit menschlicher Begegnungen und Konstellationen. Jede erzieherische Auseinandersetzung verfügt über *eine spezifische Dynamik* und *ein eigenständiges Profil.* Wir müssen uns davor hüten, Erziehung durch Schablonen zu erfassen oder einer einzigen Theorie zu glauben. Natürlich brauchen wir Klischees, wenn wir etwas über die Realität der Erziehung aussagen wollen. Schlagwörter wie »Konsequenz ist wichtig!«, »Das Gespräch muss gesucht werden« oder »Grenzen setzen« können uns helfen, im erzieherischen Alltag zu überleben. Wir müssen uns aber auch von solchen Vorstellungen lösen können. Die Gefahr besteht, dass wir die Sicht für die *Vielschichtigkeit menschlicher Begegnungen* und für das Chaos des erzieherischen Geschehens verlieren. Wer Erziehungsprozesse restlos erklären will, hat es schwer. Trotz dieser prinzipiellen Einschränkung gibt es erzieherische Herausforderungen, mit denen Eltern häufiger konfrontiert werden. Vorfälle oder Auseinandersetzungen, die wir als *typisch* erleben. Es mag sich um Klischees handeln. Sie erlauben uns jedoch, trotz Chaos und nebulöser Zustände weiterzuschreiten, sodass sich vielleicht auch ein Weg findet, diese schwierige Zeit gewinnbringend zu erleben. Dieses Buch ist darum ein Aufruf zur Auseinandersetzung mit den Jugendlichen. Es will die Probleme, Qualitäten und Hintergründe dieser Altersphase beschreiben, damit man als Vater, Mutter, Lehrperson oder Jugendlicher die entsprechenden Herausforderungen bewältigen kann. Dieses Buch soll Mut machen, mit neuen Ideen, neuem Elan und einer heiteren Gelassenheit die nächste Generation formen oder wenigstens kreativ begleiten zu können.

Provokationen

An der Kasse bemerkt die Mutter, dass ihr dreizehnjähriger Sohn ein Dreierpack Kaugummi in seinen Händen hält. Offensichtlich hat er sie einer Schachtel entnommen, die unmittelbar vor der Kasse platziert war. Sofort fordert sie ihn auf, die Packung zurückzulegen. »Ich will meinen Kaugummi haben, so wie du dir deine Zigaretten genommen hast!«, erwidert der Junge keck. »Das ist nicht dasselbe! Leg sie sofort zurück!«, erwidert die Mutter. Gegenargumente sind ihr entfallen. Der Sohn denkt nicht daran, der Mutter zu gehorchen, reißt ein Päckchen auf, schiebt einen Kaugummi in seinen Mund und blickt ihr kühl lächelnd ins Gesicht. Die Mutter kocht vor Wut, will nach dem Päckchen greifen und setzt zu einer heftigen Bewegung an. Behende weicht er ihr aus. Erst jetzt bemerkt die Mutter, wie etliche Kunden und die Kassiererin ihr bohrend-vorwurfsvolle Blicke zuwerfen.

Kinder und Jugendliche haben das Talent, Selbstständigkeit zu demonstrieren, wo wir es *nicht* wünschen. Ihre Bedürfnisse setzen sie oft unter geschickter Ausnutzung des sozialen Kontextes durch. Sie provozieren uns, sodass wir uns machtlos fühlen. Solche Autonomiegesten erleben wir als Ärgernis. Weder wohlüberlegte Argumente noch ein kleiner Wutausbruch überzeugen: Knallhart oder trickreich wird der Wille durchgesetzt. Die Selbstständigkeit der Kinder und Jugendlichen wird zu einem Problem. Natürlich wollen wir ihre Ideen fördern und möchten, dass sie ihre Angelegenheiten selbstständig und verantwortungsvoll meistern, doch wir haben eigentlich nicht an das Wegnehmen einer Packung Kaugummi, das zu späte Nachhausekommen oder schnippische Antworten gedacht. Viele Jugendliche wollen jedoch ihre Autonomie nicht in dem von uns vordefinierten Rahmen erproben, sondern sehnen sich nach einem Erfahrungsfeld außerhalb der festgelegten Normen. Verbotenes Territorium und nicht erlaubte Handlungen sind attraktiver. Zusammenkünfte werden in einem Abbruchobjekt, in Kellern oder an einem Kebabstand organisiert und nicht im eigenen, schönen Zimmer, in der elterlichen Wohnung, im kirchlichen Jugendraum oder vielleicht einem Raum der Schule. Es darf nicht ein Ort sein, der von den Erwachsenen offiziell freigegeben wurde.

Als Mutter oder Vater gerät man in ein Dilemma. Natürlich begrüßen wir Autonomiebestrebungen der Jugend, doch unsere Auffassung wird durch die Realität arg getestet. Die Selbstständigkeit des Kindes bleibt ein wichtiges Ziel der emanzipatorischen Pädagogik, doch die Jugend sucht immer auf ihre eigene Weise Autonomie. Selbstständigkeit im Widerstand wird angestrebt und nicht durch die Absegnung durch die Eltern. Tolerierte Autonomieschritte haben für Jugendliche oft einen geringen Attraktivitätsgrad. Sie wollen die Erwachsenen provozieren, damit sie in der Abgrenzung Selbstständigkeit leben können. Die Provokation ist ein Mittel, neue Erfahrungsgebiete und Erlebnismöglichkeiten in der Umwelt herauszuspüren. Dort, wo sich die Erwachsenen ärgern, gibt es auch etwas zu holen.

Widerreden

»Voll Mongo! Vergiss es!«, schnauzt die Tochter die Mutter an, als diese mit ihr über eine gemeinsame Fahrradtour der Familie sprechen will. Die Lust an der wüsten Widerrede ist ein Merkmal unserer Jugendlichen; kritische Einwände und originelle Gedanken begrüßen wir als Erwachsene, den Gebrauch unpassender Wörter jedoch nicht. Wieso stellt sich die Jugend nicht einfach einem engagierten, kritischen Dialog, bei dem auch Traditionen und Althergebrachtes hinterfragt werden können? Sie tut uns nicht diesen Gefallen, sondern äußert ihre Kritik oft in einer verächtlichen Sprache, die wir als unschön empfinden und die befürchten lässt, dass das Niveau sinkt. Ihre Widerrede erleben wir nicht als kritische, konstruktive Einwände, sondern als *inakzeptable Äußerungen.* Unsere Toleranz schmilzt, wenn die dreizehnjährige Tochter im Laden laut verkündet, dass ein »Grufti« sowieso nichts von Kleidern verstehe, oder am Tisch fast nur »Scheiße« oder »abgefuckt« zu hören ist.

In einer sechsten Schulklasse gebrauchten die Schüler und Schülerinnen immer wieder grob-sexuelle Wörter aus dem Fäkalbereich, wenn sie miteinander stritten. Die Lehrerin reagierte gelassen. Wenn ein Schüler oder eine Schülerin jemanden als »Arschloch« beschimpfte, fügte sie kühl hinzu, der andere *habe* zwar ein Arschloch, doch *sei* er keins. Durch nüchterne Bemerkungen hoffte sie die Klasse zur Räson zu bringen. Leider eskalierte die wüste Rede, bis sich die Schüler und Schülerinnen mit dem Hitlergruß begrüßten. Begreiflicherweise war dies der Lehrerin zu viel. Wütend forderte sie ihre Klasse auf, sich sofort hinter ihre Pulte zu setzen. Außer sich schrie sie die Mädchen und Jungen an, diesen Gruß sofort zu unterlassen. Der Gruß werde von ihr auf keinen Fall toleriert, ließ sie ihre Jungmannschaft entschlossen wissen. Die Klasse reagierte erleichtert. Rechtsextremismus war den Mädchen und Jungen fremd. Sie waren jedoch froh, dass sich die Lehrerin endlich *einmal richtig über sie aufregte.* Die wüste Rede und der Hitlergruß waren nicht nur ein Versuch, sich zu profilieren, sondern die Klasse wollte die Lehrerin emotionalisieren. Die Mädchen und Jungen wollten, dass die Lehrerin sie wieder einmal registrierte. Die Aufregung diente der Abgrenzung: Jetzt nimmt sie uns endlich als eigenständige Wesen wahr.

Übertretungen

Eine weitere Möglichkeit, Eltern zu emotionalisieren, sind *Übertretungen.* Handlungen werden begangen, die verboten sind.

Der vierzehnjährige Sohn will, dass seine Mutter ihm erlaubt, eine lässige und zudem stark herabgesetzte Jacke zu kaufen. Nach langem Bitten hat er seine Mutter so weit. Sie ergreift ihren Geldbeutel und übergibt ihm einen Zweihunderterschein. Tatsächlich steht der Sohn nach absolvierter Einkaufstour mit einer Plastiktüte im Vorraum der Wohnung. Diese enthält jedoch keine Jacke, sondern ein Game! Zufällig habe er es entdeckt, und da es extrem günstig war, musste es einfach gekauft werden. Das Geld für die Jacke habe halt herhalten müssen, doch das mit der Jacke sei nicht mehr so wichtig, meint der Sohn beschwichtigend.

Verständlicherweise reagiert die Mutter mit Ärger. Er hat eine klare *Übertretung* begangen. Die Zweckentfremdung ihres Geldes bedeutet einen Vertrauensbruch, genauso wie das Zuspätkommen oder die heimliche Einrichtung einer Haschischplantage im Keller. Wir sprechen von jugendlichem Fehlverhalten oder sogar von Verwahrlosung. Eltern fühlen sich in solchen Situationen düpiert. Kann man nicht harmonisch und respektvoll zusammenleben? Wieso stoßen uns die Kinder immer wieder vor den Kopf? Wollen sie, dass wir uns aufregen, schimpfen und Grenzen ziehen? Als Vater oder Mutter denkt man, dass man es diesmal nicht bei einer verbalen Ermahnung oder einem ernsten Gespräch bewenden lassen kann. Zeichen müssen gesetzt werden oder wir müssen wenigstens deutlich unser Missfallen ausdrücken oder sogar durchgreifen. Genügt es jedoch, wenn wir unseren Ärger kundtun? Bei der mühsamen Widerrede und bei den Übertretungen tut sich eine deutliche Diskrepanz zwischen unserer *Vorstellung,* wie die Beziehung zur Jugend sein sollte, und der *Realität* auf. Wieso muss ausgerechnet ich den schlechterzogensten Sohn oder die frechste Tochter haben?

Um die Hintergründe solcher Konfrontationen zu verstehen, müssen wir uns der Frage widmen, welches die Dynamik zwischen den erziehenden Erwachsenen und der Jugend ist. Wie soll man die Beziehung zwischen Erwachsenen und pubertierenden Jugendlichen verstehen? Unter Erziehung verstehen wir das Einwirken einer älteren Person auf einen jüngeren Menschen, damit sich dieser gemäß den von ihr vertretenen Vorstellungen entwickelt. Der Erwachsene hat sich zum Ziel gesetzt, bei der jüngeren Person bestimmte als wertvoll empfundene Verhaltens- oder Persönlichkeitseigenschaften zu fördern, heranzubilden oder zu bewahren.[1] Erziehung orientiert sich an einem zu *erreichenden Zustand.* Sie geht von einer Vorstellung aus, *wie es sein könnte,* und nicht, wie es ist. Wir möchten vielleicht, dass ein Kind oder Jugendlicher höflich, gebildet, unabhängig, bewusst, in sich ruhend, zufrieden und ehrlich ist. Weil er über mehr Erfahrungen und einen besseren Überblick über die Basiskompetenzen und Persönlichkeitseigenschaften, die es zum Überleben in unserer Gesellschaft braucht, verfügt, kennt der Erwachsene die Ziele erzieherischer Arbeit. Er hat das Gefühl zu wissen, was es braucht, um in unserer Gesellschaft zu bestehen und mit sich selber leben zu können. Diese Vorstellungen vergleicht er mit dem effektiven Verhalten der Kinder und Jugendlichen. Erziehung legitimiert sich durch das *Verhaltens- und Wissensdefizit:* der unflätige Junge oder das ungebildete Mädchen. Aus der Sicht der Erziehung ist ein Junge rüpelhaft, unwissend, faul, ungenau, naiv, unordentlich – oder wissbegierig, lernwillig und neugierig. Erziehung will diese Schwächen beheben und Möglichkeiten fördern. Wir möchten beim Kind oder Jugendlichen eine *personale Änderung* einleiten, damit sie sich gemäß unseren Vorstellungen des Menschseins entwickeln. Erziehung ist immer idealistisch, da sie Ziele setzt, die das Hier und Jetzt transzendieren. Das ungelenke, rüpelhafte, schüchterne oder großmäulige Verhalten eines Jugendlichen wird nicht akzeptiert, sondern soll transformiert werden. Die Erzieher arbeiten also für einen besseren Zustand. Die idealistische Ausrichtung verleiht Kraft für Visionen, birgt jedoch auch Gefahren in sich. Wegen der Fokussierung auf den besseren Zustand droht man an den Realitäten vorbeizusehen. Erziehung wird zu einer Träumerei. Utopien werden skizziert, und es wird vergessen, die psychologischen Bedingungen und Schwächen des Kindes oder Jugendlichen anzuschauen und wahrzunehmen.

Bei den Provokationen, der Widerrede und den Übertretungen stellen wir ein Fehlverhalten fest. Das Verhalten ist gemäß unserem Erleben *defizitär,* auch wenn man in der heutigen Pädagogik eher von *Verhaltensoriginalität,* Autonomieübungen oder leichter rebellischer Phase spricht. Wir möchten den Misszustand beheben. Unsere Reaktionen sollen die Jugendlichen darum beeindrucken und sie in ihrem Verhalten ändern. In unseren erzieherischen Interventionen wirken wir jedoch oft hilflos und in den Augen vieler Jugendlicher lächerlich. Was nutzt es, wenn ich dem Sohn deutlich mitteile, er solle »aufhören« und sich »anständig benehmen«? Er zuckt die Schultern und meint, das tue er schon längst, für ihn sei jedoch Anstand etwas anderes. Der Effekt solcher Worte ist oft nicht sehr groß. Sie erinnern uns höchstens daran, welche Vorstellungen *wir* in uns herumtragen. Durch das Fehlverhalten unserer Jugend werden wir also nicht nur auf jugendliche Defizite hingewiesen, sondern wir werden mit unseren Leitvorstellungen konfrontiert. Schnauzt uns die Tochter oder der Sohn an, dann wird uns dadurch bewusst, welche Bedeutung ein zivilisierter Umgangston *für uns* hat. Wir werden mit *unseren Werten* konfrontiert. Provokationen, Übertretungen und Widerreden der Jugendlichen sensibilisieren uns für unsere eigenen Ideen. Erzieherische Herausforderungen fördern die Selbstreflexion. Es braucht die Unfolgsamkeit, das freche Wort, damit dieser Prozess beginnt.

Das Gespräch als Zaubermittel?

In einer Fernsehreklame aus den Vereinigten Staaten sitzen Vater und Sohn schweigend an einem Tisch. Beide löffeln ein Gertreide-Milch-Zucker-Gemisch. Am Schluss erscheint der Mahnspruch auf dem Bildschirm: »Wieder eine Gelegenheit verpasst, mit dem Sohn zu sprechen! Ihr Amt für Drogenprävention.« Unsere Erziehungshandlungen beschränken sich nicht auf *Reaktionen* nach Fehlhandlungen, sondern wir wollen natürlich die nächste Generation vor allem *positiv* beeinflussen. Wir möchten auf das Denken, das Benehmen, die Lebensweise und die moralisch-ethischen Vorstellungen der Jugend einwirken. Ihre sozialen Kompetenzen sollen gefördert und der moralische Sinn gestärkt werden. Unter Erziehung verstehen wir darum nicht nur Reaktionen und Korrekturversuche, sondern auch *intendierte Handlungen,* durch die wir unsere Söhne und Töchter zu formen hoffen.

Das wichtigste Mittel dazu ist *das Gespräch.* Dank unserem Sprachvermögen können wir mit unseren Mitmenschen in Beziehung treten und hoffen, dass sich Herzen öffnen. Das passende Wort zum richtigen Zeitpunkt und ein sensibles Vorgehen haben schon manchen wütenden Rebellen in einen kritischen Geist, eine selbstzentrierte Primadonna in eine selbstbewusste Frau und einen Poser (Aufschneider) in einen Visionär verwandelt. Viele Jugendliche sind zugänglich, wenn wir versuchen, ihre Anliegen nachzuvollziehen, ihr Verhalten zu verstehen und uns auf Auseinandersetzungen mit ihnen einlassen. Im respektvollen Dialog können Ziele herausgeschält und Herausforderungen erkannt werden. Das gute Gespräch distanziert uns von der Unmittelbarkeit des Moments und der Tyrannei der alltäglichen Aufgaben und Pflichten. Vielleicht gelingt es uns, das Leben aus einer anderen Perspektive zu sehen und unserem Leben eine neue Bedeutung zu geben. Im gemeinsamen Gespräch können wir Wertungen von Situationen und Handlungen verändern. »*Später möchte ich vor allem mal weg, weit weg! Nach Australien oder so*«, informiert die sechzehnjährige Tochter ihre Eltern, als diese mit ihr ihre schlechten schulischen Leistungen bereden. Die Eltern wollen, dass ihre Tochter zuerst dem Abitur Bedeutung gibt. Australien ist jedoch für das junge Mädchen attraktiver. Sie fantasiert sich in die Zukunft, um gegenwärtigen Widrigkeiten auszuweichen. Die Sprache hilft uns, solche Gedankenexperimente durchzuexerzieren. Finden wir die treffende Metapher, dann hilft uns dies, mit den eigenen Gefühlen und jenen unserer Mitmenschen in Kontakt zu treten. »*Ich fühle mich wie eine ausgequetschte Zitrone*« fängt eine Stimmung besser ein als »*Heute geht es mir nicht so gut*«.

Die Sprache ist zwar ein wichtiges Mittel, durch das wir mit Jugendlichen in Kontakt treten, doch ist sie *keine magische Formel* zur Bewältigung von Krisen und Missverständnissen. Während der Pubertät sind der verbalen Kommunikation mit Jugendlichen deutliche Grenzen gesetzt. Die Vorstellung, dass wir die Jugend vor allem über das Gespräch erreichen, ist naiv. Jugendliche sind Gesprächen gegenüber oft skeptisch eingestellt. Sie fühlen sich rasch verunsichert, weil sie der Beredsamkeit der Erwachsenen nichts entgegensetzen können. Sie haben das Gefühl, die Erwachsenen setzen ihre verbalen Fähigkeiten ein, um sie mundtot zu machen oder auszutricksen. Auch wenn ihnen kein Gegenargument einfällt, bedeutet das noch nicht, dass sie mit der Position der Erwachsenen einverstanden sind.

In einem Rundgespräch einer fünften Klasse wird kurz vor Weihnachten darüber gesprochen, was man sich für das nächste Jahr wünscht. Der Lehrer fordert die Schüler und Schülerinnen auf, sich zu überlegen, was die Beziehung zu den Mitmenschen fördert. Ein Junge meldet sich und meint provokativ, Streit bringe die Menschen näher zueinander, darum wünsche er sich mehr Kämpfe! Der Lehrer ist entsetzt. So etwas geht nicht. Es müsse etwas Schönes sein, wie kein Krieg, Friede oder Ähnliches. Der Lehrer zitiert die idealistischen Leerformeln, zu denen jeder gefahrlos Ja sagen kann. Der Junge überlegt eine Weile und meint anschließend, in diesem Fall wünsche er sich Friedenskämpfe!

Wenn wir mit Jugendlichen im Rahmen der Erziehung kommunizieren, dann wollen wir, dass sie sich auf *unsere Vorstellungen* einstimmen. Wir versuchen unsere Gefühle und Gedanken auszudrücken, damit der Jugendliche die Plausibilität unserer Argumente und Gedanken einsieht. Die besten Formulierungen und das einfühlsamste Gespräch können jedoch nicht verhindern, dass Jugendliche etwas anderes aus unseren Worten heraushören, als wir beabsichtigen. Unsere Worte werden oft gar nicht oder falsch verstanden.

Missverständnisse sind natürlich

Die Themen, die wir behandeln, werden von unserer Persönlichkeit und Kultur geprägt. Wir fassen einen andrängenden Gedanken in Worte oder suchen bei einer Emotion nach adäquaten Bildern. Aus den Tausenden von sprachlichen Ausdrücken, die sich bei jeder Situation theoretisch anbieten, wählen wir jene Formulierung, die unserer psychischen Verfassung und persönlichen Geschichte entspricht. Unser aktiver Wortschatz bietet viele Bilder und Metaphern an, die wir für eine bestimmte Aussage einsetzen können. In jeder Aussage spiegeln sich die eigene Psychologie und der persönliche sozio-kulturelle Hintergrund wider. Bei der direkten Kommunikation mit einem Mitmenschen stehen wir vor der Schwierigkeit, dass das Gegenüber nicht mit den gleichen Worten und Metaphern denkt. Bei der Aussage »Er ist nett« stellt sich unser Gegenüber vielleicht einen Langweiler vor, während wir eigentlich mitteilen wollen, dass wir einen sehr freundlichen, anständigen Menschen kennen gelernt haben. Unser Gegenüber spricht vielleicht von »gelegentlichem Gamen« und versteht darunter zwei bis drei Stunden pro Tag, während wir dabei an 15 Minuten zwei- bis dreimal die Woche denken. Oft sind Wörter ganz anders konnotiert. Wir reden von »Freundschaft« und verstehen darunter eine innige Verbundenheit, während unser Gegenüber auch einen Kollegen, den er vor einer Woche kennen lernte, bereits als Freund bezeichnet. Er denkt an einen Kollegen, mit dem er Interessen und Hobbys teilt, während für uns Freundschaft eine tiefe emotionale Verbundenheit zweier Menschen voraussetzt. Hinter Wörtern, die wir einsetzen, verbergen sich *persönliche Gewichtungen,* die für Außenstehende nicht nachvollziehbar sind.

Richten wir an einen Jugendlichen ein Wort, dann konzentrieren wir unsere Anstrengungen auf verbale Interaktionen. Gespräche sind sprachlich inszenierte Begegnungen auf der bewussten Ebene. Worte sind ein Versuch, dem Gegenüber Vorstellungen und Absichten zu vermitteln, die uns wichtig sind. Sind wir in einem Gespräch, dann konzentrieren wir uns auf *Denkinhalte.* Was wir mit Worten identifizieren, ist jedoch nur ein kleiner Teil dessen, was sich in einer Begegnung ereignet. Der Gesprächsinhalt bleibt oft nur ein kläglicher Versuch, den Facettenreichtum, die Dynamik und Dämonie einer interpersonellen Begegnung zu erfassen. Es gibt noch unzählige Verbindungen, Anregungen und Beeinflussungen, die sich nicht in Worte fassen lassen. Unsere Emotionen, Komplexe, Wünsche, Einstellungen und Vergangenheiten drängen sich unweigerlich auch auf und mischen, ohne dass wir uns dessen bewusst sind, mit. Sie drücken sich in unserer Wortwahl, unseren Bewegungen, unserem Gesichtsausdruck, unseren Augen und unserer Ausstrahlung aus. Die ganze Persönlichkeit präsentiert sich. In jeder Begegnung oder Beziehung schwingen Komplexe, Wünsche und Erwartungen mit, die nicht vom Bewusstsein erfasst werden oder bei denen uns die richtigen Worte, Metaphern und Konzepte fehlen. Auch wenn wir uns umfassend ausdrücken – was wir bewusst signalisieren, ist nur ein Teil dessen, was wir an Botschaften aussenden und beim Gegenüber auslösen. Wir teilen Jugendlichen noch viel mehr und anderes mit, als wir denken. Wie wir alle merken auch sie intuitiv, dass auch Botschaften auf der unbewussten Ebene gesendet werden. Sie lassen sich durch sie irritieren, verärgern oder beglücken. Psychologisch talentierte Jugendliche trauen nicht den verbalen Aussagen, sondern setzen sie in Zusammenhang mit dem Gesamteindruck von der betreffenden Person. Eine Lehrerin kokettierte im Lehrerzimmer mit dem Lob, das ihre Klasse ihr gebe. Ihren Kollegen teilte sie mit, dass Feedback-Runden bei Schülern beweisen, dass alle von ihrem Unterricht begeistert sind. Was sie nicht realisierte, war, dass ihre nonverbalen Signale den Radius der möglichen Antworten einschränkten. Auch wenn sie ihre Schüler und Schülerinnen bat, ihre wahren Gefühle mitzuteilen, und betonte, dass sie natürlich offen sei für Kritik – ihre nonverbalen Signale und der Eindruck, den sie vermittelte, ergaben ein anderes Bild. Den meisten Jugendlichen war völlig klar, dass dieser Lehrerin Lob wichtig war und man ihren Unterricht auf keinen Fall kritisieren durfte. Intuitiv merkten sie, dass nur ein Idiot wirklich seine Meinung sagt und damit eine Missstimmung oder Gegenmaßnahmen riskiert. Solche Mechanismen sind auch in der Familie vorzufinden. Wenn wir mit Jugendlichen reden, dann ist die Gefahr groß, dass andere Botschaften hinüberkommen, als wir senden wollen. Das Gespräch ist immer nur eines unter vielen Mitteln, mit Jugendlichen in Verbindung zu bleiben.

Meistens spielt es beim verbalen Austausch keine Rolle, ob wir uns wirklich verstehen. Geht es gut, werden die eigenen Interessen und Bedürfnisse respektiert, dann können wir munter aneinander vorbeireden. Die Komplexe, unbewussten Themen und Fantasien, die während Gesprächen mitschwingen, werden ausgeblendet. Um miteinander zu leben, genügt es, wenn wir uns annähernd verstehen. Tausende von Missverständnissen und unbewussten Themen bleiben unaufgedeckt. Erst Konflikte oder existentielle Herausforderungen bringen Differenzen und verborgene Gefühle an den Tag. Wenn Probleme oder Missstimmungen auftreten, dann müssen wir uns plötzlich mit Unvereinbarkeiten, Unverständnis und gegenseitiger Entfremdung auseinandersetzen. Wir realisieren selten, dass die Differenzen schon vorher da waren. Dies ist genau das, was während der Pubertät geschieht. Nicht, dass wir unsere Söhne und Töchter plötzlich nicht mehr verstehen. Aber die Pubertät hat zur Folge, dass uns die Grenzen der Kommunikation bewusst werden. Das Gespräch mit Jugendlichen ist schwierig, weil sie sich nicht an den ungeschriebenen Code halten, Missverständnisse stehen zu lassen. Sie greifen Differenzen auf. Dadurch, dass sie nicht auf »sich verstehen« machen, kommt es zu Konflikten. Ihre Sinne sind auf Abgrenzung eingestellt. Um vor sich selber und der Umgebung ein eigenes Profil zu erlangen, entwickeln sie einen Jargon und zitieren den Erwachsenen nicht bekannte Erlebnisse als Heldentaten. Es ist von »Geil! Easy! Voll Mongo« die Rede, und gesprochen wird über das, was sie unter sich erleben. Jugendliche weigern sich oft, die Erwachsenensprache zu übernehmen. Der unterschiedliche Jargon soll eine *Kommunikationsbarriere* zwischen Erwachsenen und Jugendlichen errichten. Die Distanz wird auch nicht überwunden, wenn wir als Erwachsene den Jugendjargon übernehmen. Wenn ein Erwachsener herausstreicht, dass er die Schule auch als »Zwangssituation« erlebte und von Tags[2], Street-Ball oder RnB[3] begeistert ist, dann reagieren Jugendliche verlegen und irritiert und empfinden die Worte als Anbiederung. Im Bestreben, bei der nächsten Generation akzeptiert zu werden, oder einfach im Versuch, mit dem eigenen Sohn, der eigenen Tochter oder einem Schüler in Kontakt zu bleiben, werden die Ausdrücke der Jugendlichen übernommen. Man passt sich an, damit sich die Jugendlichen eher verstanden fühlen und bereit sind zu reden. Ob die Kommunikationsbarriere wirklich überwunden wird, bleibt jedoch fraglich. Meistens werden die Anstrengungen nicht honoriert. Die Übernahme der Grußform »High Five«

oder ein locker-jugendlicher Auftritt wird vielfach sogar als peinlich empfunden: »Der Alte soll normal reden.« Während Jungen offen ihr Desinteresse ausdrücken oder Widerstand markieren, verhalten sich Mädchen diplomatischer. Sie partizipieren scheinbar am Gespräch, grenzen jedoch geschickt persönliche Themen und Aversionen aus. *Während der Pubertät wollen Jugendliche nicht verstanden werden, gleichzeitig möchten sie jedoch mit den Erwachsenen sowohl affektiv wie auch geistig in Verbindung bleiben. Als Erwachsene müssen wir darum immer wieder das Gespräch suchen, jedoch ohne uns zu verlieren und uns ihnen anzupassen.* Solche Gespräche räumen oft auch nicht Missverständnisse und Differenzen aus dem Weg. Wer mit Jugendlichen redet, muss bereit sein, Differenzen in die Augen zu sehen, und damit rechnen, dass der Jugendliche ihm am Schluss noch fremder als vorher vorkommt. Während der Pubertät suchen Jugendliche nicht nur den Weg zum Konsens, sondern sie wollen auch Differenzen inszenieren.

Die fragliche Überzeugungskraft der eigenen Erfahrungen

Wenn Jugendliche zu Hause missmutig sind, stundenlang ihr Handy am Ohr haben, freche Antworten geben und ihren Einsatz im Haushalt sukzessive minimalisieren, dann versuchen wir, sie durch Rückgriffe auf eigene Erfahrungen von ihrem Rebellionsgeist oder ihrem egozentrischen Verhalten abzubringen. »Als ich siebzehn Jahre alt war, habe ich Pop-Konzerte besucht und war high. Es wurde auch viel getrunken und gekifft. Eine irrwitzige Zeit! Doch letztlich hängt man nur lahm herum.« Viele Väter, Mütter oder Lehrer deuten an, dass sie es natürlich auch verstanden haben, über die Schnur zu hauen. Stolz werden die wilden Achtzigerjahre geschildert, wo jeder seine Uniform und sein Revier als Stadt-Indianer hatte. Durch solche Rückgriffe auf die Vergangenheit wollen wir uns als großgewordene Jugendliche präsentieren und ausdrücken, dass man natürlich selber alles kennt. Oft sagen wir gleichzeitig, dass es sich »nur um eine Phase« handelt, aus der man geläutert und vernünftig heraustritt. In der Hoffnung, dass die eigenen Söhne und Töchter ihr Abgrenzungsbedürfnis relativieren und ihre Faszination für die Szene schwächer wird, werden ihnen die Erfahrungen der Ex-Jugendlichen unter die Nase gerieben. Wir wollen unseren Argumenten eine größere Überzeugungskraft verleihen, indem wir Erinnerungen aus der Jugend zitieren. Die Jugendlichen sollen von unseren Erfahrungen profitieren und wir können mit ihnen in Kontakt bleiben. Wenn Kinder ins Jugendalter kommen, wilder werden, dann wird oft der ganze Erfahrungsschatz und Familienfundus an Metaphern eingesetzt, damit die pubertären Wirren nicht ausarten.

Das Problem ist jedoch, dass Jugendliche während der Pubertät nicht auf ihre Eltern hören *wollen.* Sie haben den eigenen Weg im Kopf, wollen eigene Erfahrungen machen und ihre Gleichaltrigengruppe wird zur zentralen Autorität. Die Geschichten aus alten Zeiten wirken auf sie anekdotisch und irrelevant. Skepsis schleicht sich ein. Handelt es sich bei den Erzählungen nicht um Geschichtsklitterungen? Was vom Vater oder der Mutter erzählt wird, spiegelt ihre aktuellen Befindlichkeiten wider und ist kein Report aus der Vergangenheit. »Zwei Jahre ist dein Vater in der Welt herumgereist!«, raunt die Mutter ihrer Tochter zu und drückt damit aus, dass sie immer noch Mühe mit dem Unabhängigkeitsdrang des Vaters hat, oder der Vater erwähnt, dass er früher

»aktives Mitglied der Hausbesetzerszene« war, obwohl die Kinder inzwischen wissen, dass es in der Gemeinde Andelfingen keine Hausbesetzerszene gab. Er möchte sich jedoch als Held sehen.

Als Erwachsene neigen wir dazu, einzelne schlimme oder außerordentliche Ereignisse der Jugendzeit zu überhöhen. Da es sich bei der Jugendzeit um eine sehr *sensitive Periode* handelt, in der man gespannt auf die Welt dort draußen ist, werden kleine Erlebnisse intensiv wahrgenommen. Das Mitlaufen in einem Demonstrationsmarsch gegen den Doppelbeschluss der Nato, eine Zugfahrt mit einer Kollegin nach Holland oder ein Hausfest in der Schule werden als Großereignisse archiviert. Für die eigene Entwicklung sind diese Erlebnisse wichtig, könnte man jedoch zurückspulen und sich selber beobachten, dann würde man von der Banalität der Ereignisse überrascht sein. Jugendliche hören sich zwar solche Geschichten oft gern an, weigern sich jedoch, aus den Erfahrungen der Eltern zu lernen. Sie wollen sich ganz dem *eigenen* Erleben hingeben. Ihre Szenen und ihre Cliquen sind für sie *einzigartig*. Hinweise, dass man »dies auch schon erlebt hat«, müssen aus psychologischen Gründen überhört werden. Was die Eltern und Lehrpersonen erzählen, klingt interessant, hat jedoch *nichts* mit mir zu tun, denken sie sich. Die Jugendlichen wollen sich über eigene Erfahrungen ins Dasein einbringen. Wir können nicht erwarten, dass unsere Söhne und Töchter auf Ex-Hippies, Ex-Models oder Ex-Rocker hören und so von der Notwendigkeit befreit werden, selbst ins Leben einzutauchen und Fehler zu begehen.

Grenzen setzen

»Da müssen Sie halt einfach Grenzen setzen!«, rät der Erziehungsberater den Eltern. Nein sagen sei wichtig. Die Eltern nicken verlegen: Mit der Analyse sind sie einverstanden – doch was heißt Grenzen setzen? Den familiären Alltag erleben die Eltern als komplizierter und vielschichtiger, als manche Erziehungstheorien beschreiben. Grenzen setzen ist gut – doch wie? Schon jetzt ist »Nein« das häufigste Wort, das gegenüber den Kindern eingesetzt wird. Wir sagen »Nein, das geht nicht«, »Ihr könnt nicht«, »Niemals« oder diplomatischer: »Grundsätzlich schon, aber«. Zählt man, wie viele Male dieses kurze Wort von den Eltern gebraucht werden muss, dann scheint es sich um den wichtigsten Begriff der Erziehung zu handeln. Das Wort signalisiert dem Kind oder Jugendlichen, dass sein Gedanke, sein Wunsch, seine Aktion oder seine Intention falsch ist. Das Nein verbietet eine Handlung. Der junge Mensch wird an eine moralische oder faktische Grenze erinnert. Er nimmt das Verbot als irritierende Stimme wahr. Oft provoziert es deutliche Gegenreaktionen. Wieso soll ich nicht die Cornflakes vor dem Fernseher essen? Wieso darf ich nicht zu meinen Kollegen hinaus oder sie im Keller empfangen? Wenn Eltern Nein sagen, dann führt dies oft in der Familie zu einer Aufrechnung. Den meisten Eltern fällt es schwer, ihren Kindern gegenüber Nein zu sagen. Man möchte lieber großzügig und lieb sein. Jugendliche selber nehmen das Verbot häufig als Gewaltakt wahr oder ignorieren das ultimative Machtwort. Wie kann man sich durchsetzen?

Wenn wir den Jugendlichen etwas verbieten, auf einen Wunsch nicht eingehen, dann verändert dies die *Qualität der Beziehung* zu ihnen. Sie blicken uns finster an, beschimpfen uns, empfinden uns als herzlos und natürlich von vorgestern. Sie argumentieren mit einer anderen Logik. Wieso sollte ich heute nicht weggehen? Die letzten vier Abende, an denen ich weg war, dienten nur der Einstimmung auf den heutigen Abend! Auf einen Abend mehr kommt es doch nicht mehr an!

Pubertierende Jugendliche wollen von Zeit zu Zeit ein Nein hören. Nicht weil sie masochistisch veranlagt sind, sondern weil sie Gegenkräfte zu ihrer Faszination für die Welt dort draußen brauchen. Jugendliche drängt es nach draußen, zu den Freundinnen, den Kollegen oder einer Jugendgruppe. Diese Außenszenen werden attraktiv. Dem Druck, sich diesen Szenen anzuschließen, können nicht alle widerstehen. Sie sind noch nicht selbstsicher genug, um eigene Abwehrkräfte zu mobilisieren. Die Abgrenzung delegieren sie an die Eltern. Diese haben die undankbare Rolle, sie vor der Verschmelzung mit den Außengruppen zu schützen. Die Jugendlichen selber können sich dann der Illusion hingeben, dass sie eigentlich überall dabei wären, wenn die Eltern einverstanden wären. Während der Pubertät fällt es den meisten Jugendlichen schwer, aus sich selber heraus zu Hause zu sitzen, den Eltern zu helfen und am Familienleben zu partizipieren. Sie müssen ihrem eigenen Image treu sein, gemäß dem sie eigentlich schon lange dem elterlichen Hause entwachsen sind. Sie provozieren das elterliche Nein, damit sie aufbegehren, sich wehren und sich als Gegensatz zu ihren Eltern erleben können. Indirekt drücken sie so ihre Anhänglichkeit und emotionale Verbindung zum Elternhaus aus. Der wütende Vater und die sorgenvolle Mutter sind für sie der Beweis, dass alles noch stimmt. Sie spüren, dass sie den Eltern wichtig sind, und können darum auch wieder einmal ruhig, wenn auch missmutig zu Hause bleiben.

Der beleidigte Rückzug

Wenn Kinder sich wehren, sich zu Hause unmöglich benehmen, im Haushalt jede Mithilfe verweigern und sich auch durch psychologische Tricks nicht beeindrucken lassen, dann droht der Rückzug der Eltern. Die Eltern fühlen sich missachtet, wenn sie das Gefühl haben, ihre Kinder tanzten ihnen auf der Nase herum. Wenn keine zivilisierten Erziehungsmittel zur Verfügung stehen, steigert sich das Ohnmachtsgefühl. Es kann so weit kommen, dass die Mutter oder der Vater sich zurückzuziehen beginnen. Die Mutter schmollt und der Vater entdeckt wieder seine Leidenschaft für Gartenarbeit. Nach heftigen Auseinandersetzungen und emotionalen Verletzungen kommt es zu einem temporären Beziehungsrückzug. Er drückt sich nicht direkt aus, sondern in einer Aufkündigung gemeinsamer Projekte, Reisen oder angekündigter Geschenke. Die Reise nach Las Vegas wird definitiv gestrichen und der Vater entscheidet sich, auf eine Hochgebirgstour aufzubrechen, statt mit der Familie zu verreisen. Zu Beziehungsrückzügen neigen eher die Väter. Sie verlaufen oft unspektakulär und der Rückzug erfolgt in sich selber. »Gar nichts ist mit mir los!«, meint der Vater dezidiert und zieht sich für zwei Stunden an seinen Compi zurück. Von den Handlungen her beurteilt ist offensichtlich, dass ihm der Familienkrach und die Auseinandersetzungen mit seinen Teenagern verleidet sind; so hat er sich das Familienleben nicht vorgestellt. Wenn sich der Vater stundenlang in seine Werkstatt verzieht, angeblich in der Arbeit ungeheuer gestresst ist und die Tageszeitung schon zum vierten Mal nervös durchblättert, dann stimmt etwas nicht. Er hat sich aus der Arena zurückgezogen und steht nicht als Gegenpol zur Verfügung, wenn Affekte, Ärger oder gegensätzliche Auffassungen ausgedrückt werden. Ziehen sich Eltern zurück, dann wird Jugendlichen die Möglichkeit verwehrt, das eigene Verhalten in den Reaktionen der Eltern widerzuspiegeln. Der Kampf mit sich selber, den sie führen, läuft ins Leere. Ihr Geschrei, ihre Unfolgsamkeiten, ihre Faxen oder ihr unflätiges Reden stoßen nicht auf Widerstand.

Lob, Ermutigung und Tadel

Die Erziehung der Kinder und Jugendlichen besteht nicht nur aus Reaktionen nach Vorfällen. Wir wollen die nächste Generation natürlich nicht nur im Fehlverhalten korrigieren, sondern ihre positiven Entwicklungstendenzen stärken. Wir möchten sie unterstützen in ihrer Kreativität und ihren Leistungen. Sie soll merken, dass ihre Beiträge in der Gesellschaft auch einen Platz haben und wichtig sind. Die häufigsten Erziehungsmittel, die eingesetzt werden, sind das Lob, die Ermutigung und die Bestätigung. Die Idee ist, dass wir die Jugend in ihren Eigenleistungen und guten Entwicklungen positiv bestärken. Wenn der Sohn oder die Tochter etwas zu unserer Zufriedenheit macht, ein eigenes Interesse entwickelt, eine soziale Situation gut meistert, dann soll er oder sie merken, dass wir den Einsatz gutheißen. Es ist ganz wichtig, dass wir Kinder loben, wenn sie sich wirklich eingesetzt und von sich etwas gefordert haben. Durch das Lob steigert sich ihr Selbstwertgefühl und die Chance, dass sie selbstständig ihr Leben anpacken. Lob und Ermutigung sind zwar sehr wichtig, doch sind sie an gewisse Bedingungen geknüpft.

Da die Forderung nach mehr Lob inzwischen zum Credo jedes Erziehungsberaters und Schulpsychologen gehört, droht sich seine Wirkung zu verflachen. Wenn Lob zur Routinereaktion der Eltern auf jede noch so banale Äußerung oder Handlung des Kindes wird, dann hat es seinen Sinn verfehlt. Was nutzt es einem Kind, wenn es nach einem wilden Gekritzel vernimmt, die Zeichnung sei wunderbar? Entweder beginnt es an der Intelligenz der Erwachsenen zu zweifeln oder noch schlimmer, es nimmt das Lob für bare Münze und verliert die Fähigkeit zur Selbstbeurteilung. Als Vater, Mutter oder Lehrperson Lob auszusprechen ist nicht einfach, da wir die Leistung vor dem Hintergrund des jeweiligen Entwicklungsstands und nicht nach absoluten Kriterien würdigen wollen. Bei einem Kind müssen wir also immer das Alter berücksichtigen und im Auge behalten, was es wirklich kann. Nur so erlebt das Kind Lob als echte Bestätigung und nicht als Leerformel, durch die man es sich womöglich vom Leibe halten will. Wir möchten erzieherisch wirken, das Kind prägen, doch eigentlich geschieht oft genau das Gegenteil. Das Kind erkennt ein Spiel, das es nicht ernst nehmen kann.

Während bei Kindern das Lob zur Rhetorik eines guten emotionalen Rapports zum Vater oder der Mutter gehört, wird es bei pubertierenden Jugendlichen schwieriger. Lob und Bestätigungen haben als allumfassendes Wundermittel bei pubertierenden Jugendlichen ausgedient. Da sie auf der Suche nach ihrer Identität sind und somit *wirklich* wissen möchten, wo sie stehen und wer sie sind, haben vor allem die Rückmeldungen aus der Außenwelt eine große Bedeutung. Was die Clique, die Lehrpersonen, der Lehrmeister sagt, ist wichtig. Dort werden Bestätigungen gesucht. Das Lob der Eltern wird zwar immer noch registriert und kann, wenn es echt ist, auch einen Einfluss haben, doch die meisten Jugendlichen sind den Lobsprüchen der Eltern gegenüber skeptisch. Die Annahme des elterlichen Lobes könnte die Autonomiebestrebungen gefährden. Da man den Dissens und die Auseinandersetzung sucht, wird die offene Annahme des Lobs als Rückfall in den elterlichen Schoß empfunden. Wenn die Mutter von dem Kleid begeistert ist, das man für eine Party gekauft hat, dann muss man es sofort umtauschen. Gleichzeitig werden die Äußerungen der Eltern nicht auf die leichte Schulter genommen und auf Kritik wird empfindlich reagiert. Für die Eltern ergibt sich eine schwierige Gratwanderung. Pubertierenden Jugendlichen sollen sie Bestätigungen geben, doch müssen sie beiläufig oder auf Wunsch erfolgen. Die Jugendlichen wollen nicht einfach gelobt und gehätschelt werden, sondern wollen wissen, welches der wirkliche Wert ihrer Leistungen ist.

Vielfalt der Szenen

Die Küche ist aufgeräumt, das Wohnzimmer in Ordnung und alle Kinder friedlich in ihren Betten. Mit ruhigem Gewissen können die Eltern aufbrechen, um sich den neuen Film von Woody Allen anzusehen. Der Sohn liegt im Bett und döst friedlich vor sich hin, der Tochter wird ein Gutenachtkuss gegeben: »Was ist los? Ich muss morgen früh aufstehen!«, antwortet sie schlaftrunken. Eine halbe Stunde später sind die Eltern wieder auf dem Weg nach Hause. Die Kinovorstellung war ausverkauft. Ein Glas Wein und Zappen vor dem Fernseher ist angesagt. Als sie die Treppe zur eigenen Wohnung emporsteigen dringt Musik aus ihrer Wohnung. Auch die Lichter brennen. Zu Hause überraschen sie die zwei Lieben, während sie mit zwei Kollegen auf ihren Betten sitzen, gamen, genüsslich Chips essen und Cola mit Wodka trinken. Sie haben eine kleine Fete gestartet …

Ein Merkmal der Pubertät ist, dass man als Vater oder Mutter immer wieder mit Überraschungen konfrontiert wird. Pubertierende Jugendliche verhalten sich meistens nicht so, wie wir es erwarten. Die Szenen, durch die sie uns herausfordern, sind vielfältig und schwer vorhersehbar. Wie die Auseinandersetzungen ablaufen, hängt von den persönlichen Lebenssituationen, dem Milieu, den Trends und den beteiligten Persönlichkeiten ab. Nicht nur die Eltern beeinflussen das Geschehen durch ihre Komplexthemen und ihre Geschichte, sondern auch die Jugendlichen durch ihre Persönlichkeiten und die Einflüsse, denen sie in der Szene unterstehen. Sind in einem Quartier Pyjamapartys angesagt, dann müssen sich die Eltern wohl oder übel mit diesen auseinandersetzen, ist vor allem Bier trinken populär, dann gilt es bei diesem Thema nach einer Antwort zu suchen. Genauso, wie es den typischen Erwachsenen nicht gibt, dürfen wir auch bei Jugendlichen nicht von festen Vorstellungen ausgehen.

Die Auseinandersetzung mit Jugendlichen zeichnet sich durch Vielfalt aus. Wir wissen meistens nicht, was als Nächstes auf uns zukommt. Damit wir für diese Auseinandersetzungen gewappnet sind, brauchen wir Vorstellungen darüber, wen wir vor uns haben und wie ein Dialog aussehen könnte. Wir orientieren uns an *Leitvorstellungen,* die unsere Rolle und Aufgabe definieren. Jeder, der sich mit pubertierenden Kindern beschäftigt, geht von einer *Erziehungstheorie* aus. Diese private und meistens nicht ausformulierte Auffassung umreißt die Ideallinien des Aufwachsens und setzt Prioritäten bei den eigenen Handlungen. Wir stellen uns vielleicht vor, dass wir vor allem den Konsens mit der Jugend suchen sollten. Haben wir dieses Bild im Kopf, dann stört es uns, wenn Jugendliche andere, aus unserer Sicht abwegige Auffassungen vertreten oder mit einer Maßnahme nicht einverstanden sind. Übereinstimmung ist wichtig. Sie sollten doch einsehen, dass man nicht wie ein Schwein isst und im eigenen Zimmer ein Chaos zurücklässt. Gehen wir von Konsens aus, dann haben wir große Mühe, etwas zu fordern, was der Sohn oder die Tochter ablehnt. Vielleicht ist uns jedoch vor allem die *Beziehung* zu den Kindern wichtig. Steht diese im Vordergrund, dann möchten wir Nähe spüren und wissen, wie es dem Sohn oder der Tochter geht, was sie oder er denkt und fühlt. Wir suchen nach Möglichkeiten, an ihrem Leben zu partizipieren, wollen den persönlichen Austausch und werden verunsichert, wenn wir nicht wissen, welches seine oder ihre Freunde und Freizeitaktivitäten sind. Da wir in der täglichen Auseinandersetzung mit unseren Jugendlichen spontan und unmittelbar reagieren, fehlt uns meistens die Zeit, unsere mentalen Grundeinstellungen zu erkennen. Erziehung geschieht meistens unbewusst. Wir geben uns der Unmittelbarkeit des Moments hin und können keine großen Selbstanalysen durchführen. Unsere Leitvorstellungen drücken sich in unseren spontanen Handlungen und Worten aus. Auch wenn wir nicht direkt über unseren Erziehungsansatz nachdenken oder großartige Konzepte entwerfen: In unseren Handlungen sind Erziehungsvorstellungen verborgen. Unsere Leitvorstellungen manifestieren sich in unseren Reaktionen bei Konflikten, in den Metaphern, die wir gegenüber den Jugendlichen einsetzen, und den Vergleichen, die uns während der Auseinandersetzungen oder Gespräche einfallen.

»Ich will, dass du über Mittag nach Hause kommst und nicht mit deinen Kolleginnen herumhängst!«, verlangt die Mutter von ihrer sechzehnjährigen Tochter. In ihren Worten drückt sich die Vorstellung aus, dass die Anbindung an die Eltern wichtig ist und der Einfluss der Gleichaltrigen problematisch. Beziehung ist der Mutter wichtig. »Am besten wäre, du würdest eine Zeitlang auf dem Bau arbeiten oder nach

Afrika auf eine Expedition gehen«, betont der Vater. Er geht von der Idee aus, dass direkte, existentielle Herausforderungen guttäten. Gemäß seinem Bild muss der Sohn oder die Tochter gefordert werden und ist eine gewisse Distanz zu den Eltern wichtig. Unsere Leitvorstellungen sind das Resultat unserer eigenen Geschichte, unserer Persönlichkeit, unseres sozialen Hintergrunds, der Erfahrungen mit den eigenen Eltern und unserer aktuellen Vorstellungen über Erziehung.

Pubertät: das Ende der Erziehung?

Wenn Kinder in die Pubertät kommen, dann werden die Eltern wie auch die Lehrpersonen herausgefordert. Während dieser Flegeljahre wissen wir oft nicht, wie wir uns gegenüber unseren Kindern zu verhalten haben. Bei Übertretungen, Widerrede, den täglichen Auseinandersetzungen werden wir auf uns selber zurückgeworfen. Wir merken, was uns wichtig ist, welche Werte wir weitergeben wollen, und wir fühlen uns oft hilflos. Oft haben wir Angst, weil wir das Gefühl haben, dass uns der Sohn oder die Tochter entgleitet und vielleicht unter schlechte Einflüsse gerät. In diesem Kapitel wollte ich aufzeigen, dass in der Pubertät nach anderen Antworten gesucht werden muss. Die Beziehung der Jugendlichen zu ihren Eltern hat eine andere Qualität als bei Klein- oder Schulkindern. Mutter und Vater sind nicht mehr die Überfiguren, die durch ihre natürliche Autorität wirken und automatisch einen zentralen Bezugspunkt für das Kind abgeben. Die Jugendlichen in der Pubertät werden innerlich zwischen Elternhaus, Clique, Szene und Schule hin- und hergerissen. Die Schwierigkeiten, die sich bei Jugendlichen in der Pubertät manifestieren, können nicht einfach durch größere Erziehungsanstrengungen, durch mehr Aufmerksamkeit und Bildung bewältigt werden. Sie verlangen nach *anderen Antworten.* Mit dem Eintritt der Pubertät hört die traditionelle Form der Erziehung auf. Die Unfolgsamkeiten, üblen Launen, Provokationen und der grassierende Schulüberdruss sind äußere Zeichen davon, dass wir bei den Pubertierenden speziell reagieren müssen. Die Frechheiten, die Übertretungen, die Stimmungsschwankungen sind nicht nur Ausdruck der Hormone, sondern ein Zeichen, dass Jugendliche in diesem Alter etwas anderes brauchen als Erziehung. Nicht das vernünftige Wort ist gefragt, sondern wir Erwachsene müssen bei pubertierenden Jugendlichen neue Rollen einnehmen. Wir sind nicht mehr die Vorbilder, sondern *Gegenspieler.*

Die Teilhabe an den Tempeln der Zivilisation

Piepsen, elektronisches Schnurren, leises Klappern und Flüstern ist vernehmbar. Die Gruppe Jugendlicher erreicht einen Zustand höchster Konzentration, ihre Köpfe zusammengesteckt beäugen sie gierig ein kleines Apparätchen. Bedächtige Stille herrscht, als ein Junge es wagt, das neue Smartphone mit der linken Hand zu ergreifen, sodass er mit der rechten das Gehäuse streicheln kann.

Eine kurze Szene einer Gruppe Jugendlicher in einem Elektronikladen eines Einkaufszentrums einer Zürcher Agglomerationsgemeinde. Man hat sich versammelt, um in den verschiedenen Läden des großen Zentrums herumzuhängen, die Schaufensterauslagen zu inspizieren und zu erfahren, welche neuen elektronischen Produkte angeboten werden: das Iphone 6, ein 48« FullHD-LED-TV, eine Mikroanlage MUB mit Bluetooth und ein MP3-WMA-Player. Eine Etage höher ist eine Gruppe Mädchen vor einem modern gestylten Schnellimbiss versammelt; dunkle Farben, kurze Capri-Hosen und lange Haare mit kurzem Pferdeschwanz dominieren. Die Gruppe hat sich am See getroffen und ist zu einem Streifzug durch Kleider-, Kitschschmuckaccessoire-, und Posterläden aufgebrochen, um schließlich beim Schnellimbiss anzukommen. Die kuschelnden Mädchen wirken wie eine verschworene Gemeinschaft. Jede hält die typischen roten Becher der Imbisskette in der Hand, einige rauchen ostentativ. Man klatscht, tratscht und möchte wissen, wer alles sonst noch im Zentrum herumhängt. Sie stehen vor einem großen Werbeplakat für einen neuen Fernsehsender, bei dem man schöner fernsehen kann und besser aussehen soll: Eine hübsche Blondine räkelt sich lasziv auf einem knallroten Sofa an einem kubanischen Sandstrand, hinter ihr ein einsames Saxophon. Die Gruppe wird von einer kommerzialisierten und verharmlosten Version von »Satisfaction« berieselt. Die elektronische Orgel geht nahtlos zu einer kaum identifizierbaren Kings-Melodie aus den Sechzigerjahren über. Von Zeit zu Zeit wird diese Musik durch aufdringliche Hinweise auf die Sonderangebote unterbrochen: eine Aktion einer Papeterie für Agenden, Kaffee gratis beim Einkauf in einem Teigwarenladen. Eine kurze Beschreibung des Freizeitlebens Jugendlicher.

Die Entfremdung von der Erwachsenenwelt wird hier mit Hilfe der gesellschaftlichen Vorgaben durchexerziert. Auf der Reise zu sich selbst brechen Jugendliche aus dem familiären und schulischen Raum aus und dringen in Außenzonen vor, die mit ihrem Lebensgefühl korrespondieren und einen Eintritt in das, was sie als Sozietät empfinden, ermöglichen. Es handelt sich um Lebensbereiche, die eine besondere Ausstrahlung besitzen, sich für spontane Ansammlungen anbieten und in denen man den Puls des Lebens spürt. Sie sind nicht einfach der Wildnis abgerungen, sondern durch die Gesellschaft konstruiert und erlauben das Proben relevanter sozialer Interaktionen. Meistens sind sie mit Objekten bestückt, denen wir Aufmerksamkeit schenken oder über die wir uns als gesellschaftliche Wesen definieren. Vielfach finden in diesen Zonen Spektakel statt, die einem das Gefühl vermitteln, »dabei« zu sein. In diesen Zonen ist in der Wahrnehmung der Jugend ein besonderer Zauber spürbar. Das Zeitkolorit dringt in den zur Schau gestellten Objekten, dem Design und im Spektakel durch und führt zu einer temporären Verzauberung des Daseins. In diesen modernen Zivilisationstempeln[4] oder speziellen Räumen konstelliert sich das schillernde Zeit- und Generationengefühl. Solche Lebensbereiche sind durch viel Libido besetzt. Gemäß dem französischen Philosophen Pascal Bruckner sind sie der »Versuch, die Welt zu verzaubern«.[5] Sie wirken dynamisch, chaotisch, wild oder grell. Sie sind für Jugendliche von magischer Anziehungskraft, weil sie sich dort selbstständig inszenieren können.

Um das Verhalten der Jugendlichen zu verstehen, müssen wir die Räume unserer Gesellschaft nach ihren Qualitäten kategorisieren. In den meisten Gesellschaften werden den Räumen, in denen man lebt, verschiedene Eigenschaften zugeschrieben. Neben Bereichen, die als schmutzig gelten, kann man zwischen sakralen und säkularen Räumen unterscheiden. Während in den säkularen Räumen alltägliche, banale, rationale Handlungen durchgeführt werden, bleiben die heiligen Zonen für besondere Aufgaben reserviert. Schlafen, Essen, soziales Beisammensein oder die Arbeit wird in Räumen durchgeführt, die niederwertig besetzt sind. Der Arbeitsort oder die Schlafstelle an sich zeichnet sich nicht durch besondere Qualitäten oder eine spezielle Ausstrahlung aus. Sie haben eine bestimmte Funktion und können nach unserem Gutdünken und Willen gestaltet werden. In einem sakralen Raum haben wir das Gefühl der Teilhabe an einem großen Ganzen, einem kollektiven Geschehen. Dies nehmen wir als besonderen Zauber wahr. Eine andere Atmosphäre herrscht. Der Raum dient nicht nur einer Funktion, sondern strahlt Energie aus, regt Fantasien an und verändert unsere Befindlichkeit. Sakrale Räume fordern uns heraus, aktivieren, berühren oder verärgern uns. Wir müssen uns einem Geschehen unterordnen, das unsere Verhaltens- und Denkweisen beeinflusst und Opfer abverlangt.

In unserer Gesellschaft sind die sakralen Zonen schwer zu identifizieren. Der öffentliche Raum wurde säkularisiert und religiöse Empfindungen zur Privatsache deklariert. Heilige Berge wie den Uluru (vormals Ayers Rock) oder den Kata Tjuta (vormals Mount Olga) in New South Wales in Australien, die die Ureinwohner mit dem Python-Menschen, dem Blauzungenskink-Mann und der Beutelmulle-Frau aus der Traumzeit identifizieren, gibt es bei uns nicht. Wir begegnen unserer Umwelt, unseren Gebäudekomplexen und den öffentlichen Räumen unserer Zivilisation nüchterner und rationaler. Örtlichkeiten, wo das »ganz Andere« durchschimmert oder die eine unheimliche Qualität haben, gibt es kaum. Die Umwelt ist befriedet. Die Kirchen, für die früher Dörfer und Städte ein Großteil ihrer Einnahmen opferten, haben für große Teile der Bevölkerung ihre Bedeutung als zentrale Topoi (Orte) für religiöse Bedürfnisse verloren. Sie werden als museale Objekte mit ästhetisiertem Blick bestaunt, in ihnen werden heute Konzerte gegeben, es wird Theater gespielt und geklatscht.

Vielleicht hat sich in unserer Gesellschaft das Bedürfnis nach Teilhabe an einem »ganz Anderen« von sakralen Räumen in andere Lebensbereiche verlagert. In der postmodernen Gesellschaft[6] wird das Manna nicht in den traditionellen religiösen Zonen gesucht, sondern in quasi-religiösen Sensationen. Die Kirche hat ihre Stellung als Träger zeitgenössischer Mythen verloren und die Bibel als Hauptmittel zur Reflexion der eigenen Befindlichkeit ausgedient. Kontakt zu einem »ganz Anderen« nehmen wir heute zum Beispiel in unseren Konsumtempeln auf. Es kann sich dabei um Einkaufszentren handeln, die Shopping-Malls in den Vereinigten Staaten[7] oder um innerstädtische Fußgängerzonen, wie wir sie in Europa finden. Während man in den Vereinigten Staaten wie ein »Zombie«[8] durch die Malls gesteuert wird, gelenkt von zentral platzierten Konsumartikeln oder verführerischen Reklamen, pilgern wir in Europa von Laden zu Laden, suchen die In-Lokale auf und haben so das Gefühl, Urbanität zu erleben. Die Stadt zu genießen, das Zentrum aufgesucht zu haben wird zu einem wöchentlichen Ritual, durch das man sich energetisch auflädt und vom Manna der Zivilisation profitiert. Die Konsumobjekte, die wir in unseren Taschen oder im Fond des Wagens nach Exkursionen in die Stadt oder die Einkaufszentren der Agglomeration nach Hause bringen, sind längstens nicht mehr existentiell notwendig, sondern Beweise des Dabeiseins. Neben modischen Markenartikeln, Designerprodukten oder elektronischen Neuheiten gehören auch neue Songs, Sportartikel, CDs oder DVDs zu den Vermittlern des jeweils aktuellen Lebensgefühls. Der Besitz dieser Konsumobjekte und Medienprodukte ist der Beweis, dass man an einer übergeordneten Dynamik partizipiert. Was wir kaufen können, definiert unseren Seinszustand. Was in farbigen Prospekten angeboten wird, regt die *Fantasie* an. Wir imaginieren über die Produkte, die uns über Reklame und Medien präsentiert werden und die wir in den neuen Tempeln der Zivilisation oder in den quasi-religiösen Zonen der Städte vorfinden. Neben technischen Apparaten wie Fernsehern, Computern, CDs geht es auch um Esswaren und Kleidung. Unsere Konsumartikel sind energiebesetzte Objekte, über die sich auch seelische Inhalte ausdrücken. Die Faszination der Technik lockt, und das »neue Evangelium«[9] wird durch Prospekte und Werbung im Fernsehen oder im Kino vermittelt.

Jugendliche dringen, wenn sie den familiären und schulischen Raum verlassen, in diese quasi-religiösen Zonen vor. Sie wollen teilhaben am Manna, das in den neuen Tempeln der Zivilisation oder den städtischen Zonen des Konsums spürbar ist. Sie suchen den Eintritt in die Gesellschaft als Konsumenten und halten Ausschau nach Orientierungspunkten. Der Konsum ist ein Weg, Eigenständigkeit zu erlangen. Jugendliche werden bei uns weniger durch die Arbeit in die Gesellschaft initiiert als durch den Aufstieg zum eigenständigen Konsumenten. Sie werden darum intuitiv von den Objekten, Läden und Themen angezogen, die eine Konsumentenhaltung ausdrücken. Sie wählen den Weg des Konsums als Möglichkeit der Zelebrierung der Selbstständigkeit. Wer man ist und wie man sein wird, wird in Auseinandersetzung mit diesen neuen Konsumtempeln erlebt, da man dort als Subjekt erleben kann, dass man den Fantasien, die durch die Produkte evoziert werden, nachgehen kann.

Gewisse Produkte der Konsumwelt üben auf Jugendliche eine besondere Faszination aus. Sie sind nicht nur Mittel, Bedürfnisse zu befriedigen, sondern werden zum Ziel ihrer Anstrengungen. Computer, das neuste Handy, Kameras, Kleider, Bikes oder Autos binden Energien und Fantasien. Die Jugendlichen befinden sich auf einem Konsumtrip, von dem sie sich eine Erfüllung eigener Wünsche und Träume erhoffen. Sich in der Angebotspalette der Konsumgesellschaft zu orientieren, ist für sie ein Weg, das innere Chaos zu ordnen und eigenen Emotionen nachzugehen. Sie tummeln sich in den Einkaufszentren, pilgern zu Läden, tauschen neue DVDs oder Games aus, weil sie hoffen, auf diese Weise zum Kern des Lebens vorzudringen. In Zentren, Läden, neben gewissen öffentlichen Räumen spüren sie ein Manna, das weiterhilft. Die Hinwendung zu den Konsumobjekten stellt einen Integrationsschritt dar. Als Konsument, der den Preis abwägt, über Produkte fantasiert, kritisch begutachtet und natürlich weiß, was alles angeboten wird, ist man ein ernst zu nehmendes Individuum dieser Gesellschaft. Der Einkauf ist ein wichtiges Ritual der sozialen Eingliederung. Erst als Käufer ist man ein Mensch.

Das eigene Budget, die Möglichkeit der Auswahl und Begutachtung verleihen das Gefühl von Eigenständigkeit. Beim Kauf des besten Computers, der Anschaffung des richtigen Mountainbikes oder der richtigen Designerkleidung erleben Jugendliche die verführerische Potenz des Käufers. Wichtig ist, das richtige Objekt zu finden, über das man sich definieren und die eigene Identität darstellen kann. Konsument zu werden ist ein wichtiger Akt. Jeder gewählte Artikel drückt die Qualität der Suche des betreffenden Jugendlichen aus. Die Partizipation in der immensen Scheinwelt der Konsumindustrie verleiht das Gefühl dabei zu sein und vermittelt Orientierungspunkte, um das eigene Chaos zu ordnen.

Der Konsum wird für Jugendliche zu einer Möglichkeit, sich von den Erwachsenen abzugrenzen. Die immense Popularität der McDonald's ist ein Paradebeispiel einer Schnellimbisskette, die auf das Bedürfnis der Jugend, am Konsumspektakel zu partizipieren, eingeht. Die klare Identifikation der Produkte, die Standardisierung und das Styling ermöglichen den Jugendlichen einen Einstieg in die Traumwelt des Konsums.

Für viele Eltern sind jedoch die Wünsche und Käufe ihrer Kinder ein Ärgernis. Wieso wünscht mein Sohn einen Big-Mac statt eines guten französischen Essens oder ein BMX statt eines normalen Stadtfahrrades? Oft nicht nur, weil man tief ins Portemonnaie greifen muss, sondern auch, weil man die Qualität des Produktes bezweifelt oder die Notwendigkeit des Kaufes nicht nachvollziehen kann. Sollen wir diese Konsumgier unterstützen? Wir träumen von einer Zeit, da die Jugendlichen nicht nur eine Serie im Internet sehen wollten, unbedingt bestimmte Kleidungsstücke kaufen mussten oder nach Games wie Clash of Clans süchtig wurden. Wir pochen auf alternative Werte, empfehlen das gute Buch oder einen Sonntagsspaziergang. Folgende Punkte gilt es jedoch zu berücksichtigen: Wir leben in einer Konsumgesellschaft. Einkaufszentren und Läden werden als Inseln in der Alltagsöde wahrgenommen. Dank der Werbung werden Leben und Partys assoziiert. Dies will jedoch noch nicht sagen, dass wir nur kaufen, kaufen, kaufen im Sinn hätten, sondern unsere Produkte dienen uns als eine Quelle der Fantasie. Wir kaufen längst nicht mehr nur aus existentieller Notwendigkeit, sondern die meisten Käufe sind ein *Verzauberungsakt.* Den Erwerb eines Produktes verbinden wir mit der Hoffnung auf eine qualitative Verbesserung unseres Daseins. Ein Auto ist nicht lediglich ein Mittel, um rascher an einen bestimmten Ort zu gelangen, sondern durch den Kauf eines Luxusautos verwandeln wir uns in erfolgreiche Unternehmer, ein Sportwagen verwandelt uns in attraktive Junggesellen oder ein klappriger, alter Wagen in Künstler oder Sozialtätige. Sogar der Nicht-Kauf eines Wagens wird zu einer Aussage: Damit schließen wir uns den Umweltbewussten oder Ideologen an. Die Produkte, die wir uns aneignen, setzen wir in Zusammenhang mit Vorstellungen über uns selber, unsere Zukunft und unsere Umgebung. Sie verbinden mit dem imaginären Bereich und verweisen auf das, was noch sein könnte: Angefangen vom besseren Espresso aus der Maschine über die erfüllteren Ferien auf einem Superkreuzfahrtschiff bis zum CD-Recorder mit erhöhter Tonqualität. Nicht das Produkt ist entscheidend, sondern was wir über es fantasieren. Hier müssen wir uns von sozialistischen Vorstellungen vom Anfang des letzten Jahrhunderts lösen. Den Markt dürfen wir nicht nur in Kategorien der Ausbeutung, des Profits, der Manipulation mit dem Käufer als Opfer denken, sondern als eine Arena, in der über das Verschieben von speziell behandelter Materie Imagination erworben wird.

Junge Menschen erfassen sehr rasch diese Qualität des Marktes. Sie beginnen früh an der schillernden, vielfältigen und verwirrenden Konsumwelt zu partizipieren. Reklamen im Fernsehen werden nachgesungen, Schaufenster gierig bestaunt, und immer wieder sind Kinder von speziellen Produkten fasziniert: Früher waren es He-Man, Skeletor, Barbie-Puppen, später Furby. Wenn junge Menschen nach außen drängen, dann werden sie von diesen neuen Tempeln der Zivilisation, seien es Einkaufszentren, Imbissketten, Kinos, Stadien, Sportarenen oder Läden, magisch angezogen. Sie suchen unbewusst eine Initiation in die Welt des Konsums. Die Auseinandersetzung mit der Interaktionsform, die unsere Gesellschaft definiert, erfolgt auch oppositionell. Diese jungen Menschen lehnen alles, was Konsum und Kauf bedeutet, ab. Sie weigern sich, die Arenen des Kaufrausches zu betreten. Unsere Aufgabe ist, den jungen Menschen auf diese Welt vorzubereiten, ihm zu einer kritischen, bewussten Haltung zu verhelfen und seine Resistenz gegenüber den Versuchungen des Kaufes zu stärken.

Die Arenen des Konsums werden von den Jugendlichen als Lebensbereiche erlebt, denen viele Erwachsene ambivalent gegenüberstehen. Ihr Selbstbild kontrastiert mit dem effektiven Verhalten. Selten geben sie zu, dass sie von der Reklame gesteuert und vom Zeitgeist in Geschmack und Denken bestimmt werden. Natürlich sehen wir uns als Individuen, die autonom und kritisch das Angebot evaluieren und nur kaufen, was wir brauchen und nötig haben. Wir unterwerfen uns zwar diesen Tempeln der Zivilisation, drücken jedoch mit unseren Worten eine vornehme Distanz aus. Jugendliche können sich nicht in dieser Pose üben. Ihnen bleibt aufgrund ihrer mageren finanziellen Möglichkeiten die Teilnahme verwehrt. Sie fantasieren über die Produkte, können sich jedoch nur beschränkt an diesen Kaufzeremonien beteiligen. Jugendliche können sich nur bedingt in diese Zivilisationstempel einbringen, obwohl auch sie über Kleider, Konzerte, oder technische Apparate fantasieren. Oft kommunizieren wir, dass sie sich nicht in dieser oberflächlichen, materialistischen Welt verlieren sollten. Die Konsumwelt ist uns suspekt. Übersehen wird, dass diese von vielen Jugendlichen bereits als mentales Experimentierfeld gewählt wurde. Konsumobjekte oder Events stehen im Zentrum ihres Interesses. Über die entsprechende Auseinandersetzung nehmen sie eigene Bedürfnisse und Komplexe wahr. Da die Konsumwelt Marktmechanismen gehorcht, ist sie gegen die Pädagogisierung gefeit. Das Angebot wird durch die undurchsichtigen, komplexen und übergeordneten Gesetze des Marktes bestimmt und muss nicht einem Curriculum genügen. Wir müssen Jugendlichen helfen, sich in diesen Arenen des Konsums zurechtzufinden. Wir sind eine Gesellschaft, für die das Kaufen eine zentrale, sinnstiftende

Tätigkeit wurde. Die überwiegende Mehrzahl der Produkte kaufen wir wegen unserer Zuschreibungen und nicht wegen der Funktion, die sie zu erfüllen haben. Einen neuen Wagen kaufen wir nicht, weil am alten die Räder abfallen, sondern weil eine neue Marke uns dem Trend näher bringt: der kleine Stadtwagen oder der geländegängige Jeep. Die Wahl des Produktes folgt längst nicht mehr rationalen Kriterien, sondern drückt unsere mentalen Befindlichkeiten aus. Es gilt, die Jugend in die Gesellschaft einzuführen, in der sie sich bewegen wird. Ob es uns gefällt oder nicht: Konsum wurde zu einem Weg, sich einzugliedern und einen Erwachsenenstatus zu erlangen.

Da der Konsum nicht pädagogisiert werden kann, wird er für die Jugendlichen zu einer Möglichkeit, sich von den Erwachsenen abzugrenzen. Der materialistische Einstieg wird paradoxerweise zu einem Weg, eigenen Fantasien nachzugehen. Vielleicht gelingt es den Jugendlichen über die Auseinandersetzung mit der Konsumwelt, von einer zu materiellen Haltung abzukommen und sich auf emotionale Bedeutungen und Fantasien zu konzentrieren. Weil Konsum bei uns omnipräsent ist und die Tempel der Zivilisation konstant locken, braucht es vielleicht den Umweg über die Kauflust. Verbieten wir den Jugendlichen den Konsum, dann übt diese Welt auf sie eine noch größere Faszination aus.

Das Recht auf ein eigenes Konto

Wer in die Konsumwelt eintauchen und sich an den Events beteiligen will, muss in die Tasche greifen. Der Inhalt der Geldbörse entscheidet, ob Vorstellungen, Wünsche oder Pläne realisiert werden können. Geld verleiht die Illusion, Herr unseres Schicksals zu sein. Fantasien und Bedürfnisse können ausgelebt werden. Die Höhe des Taschengeldes bestimmt, wie weit Jugendliche sich an den Tempeln der Zivilisation beteiligen können. Portemonnaies füllen sich jedoch nicht automatisch, sondern nur, wenn Geld in sie transferiert wird. Es kann sich um Zuwendungen anderer Personen handeln oder Folgeerscheinungen eigener Anstrengungen. Je nach Geldquelle ändert sich die psychologische Bedeutung. Was selber erwirtschaftet wurde, steht einem näher. Der Euro oder Franken, für den man persönlich Zeit und Energie investieren musste, wird mehr in der Hand gedreht als einer, der von den »Alten« kommt. Die sporadischen oder regelmäßigen Zahlungen der Eltern nimmt die überwiegende Mehrzahl der Kinder und Jugendlichen als eine Selbstverständlichkeit wahr. Dass der Vater oder die Mutter dafür arbeiten musste, ist zu abstrakt. Die elterlichen Zahlungen sind jedoch zweischneidig. Natürlich verleiht Geld eine bescheidene finanzielle Potenz, gleichzeitig sind Taschengeldzahlungen eine Methode, Kinder an sich zu binden. Die Nabelschnur bleibt erhalten. Kinder und Jugendliche nehmen elterliches Geld gern an, doch werden sie mit einem Abhängigkeitsdilemma konfrontiert. Die Autonomie, die das Taschengeld verspricht, ist trügerisch, weil sie gleichzeitig die Abhängigkeit von den Eltern perpetuiert. Man bringt sich nicht selbstständig in die Gesellschaft ein, sondern die Handlungen werden vom Geldbeutel der Eltern determiniert. Wenn Jugendliche der Faszination des Konsums nachgehen oder an den Events ihrer Jugendkultur partizipieren, dann verstärken sie damit ihre Abhängigkeit von den Eltern. Sie leben in einer ungemütlichen Scheinautonomie. Der Wochenendausflug zum Open-Air, das famose Schlagzeug oder die coole Kleidung ist nur dank Subventionen möglich. Die Qualität des Geldes ändert sich jedoch radikal, wenn es selber erwirtschaftet wurde. Es handelt sich nicht um selbstverständliche Zahlungen, sondern das Geld wird mit persönlichem Einsatz in Verbindung gebracht. Wird dieses Geld ausgegeben, dann werden die Schritte in die Konsumwelt zu wirklichen Autonomiehandlungen.

Eine Möglichkeit für Kinder und Jugendliche, persönlich Geld zu verdienen, ist die Arbeit. Kinder- und Jugendarbeit ist jedoch höchst problematisch. Bilder vom Beginn der Industrialisierung steigen in uns auf. Wir denken an Bergwerke, wo Kinder ungeachtet der gesundheitlichen Risiken und Gefahren in den Stollen geschickt wurden, oder Textilunternehmer, die Kinder wegen ihrer flinken Hände, ihrer Anspruchslosigkeit und Anpassungsfähigkeit schamlos ausnutzten. In den meisten westlichen Staaten wird der Arbeitnehmer durch Gesetze und den Einfluss der Gewerkschaften geschützt. Dank einer strengen Legislatur und harter politischer Arbeit ist es gelungen, Kinderarbeit nahezu zu eliminieren. Das Jugendschutzgesetz in Deutschland (1960) verbietet jegliche Art der Kinderarbeit. Nur wenige Tätigkeiten sind von diesem Verbot ausgenommen. Drei- bis sechsjährige Kinder dürfen höchstens zwei, Kinder über sechs höchstens drei Stunden »gestaltend« an Theatervorstellungen, Aufführungen, bei Werbeveranstaltungen oder im Radio auftreten. Kindern über dreizehn sind werktags zwei Stunden Arbeit wie Zeitungsaustragen oder Handreichungen im Sport erlaubt. In der Landwirtschaft dürfen Kinder bis drei Stunden täglich arbeiten. Früher war Kinderarbeit und die Arbeit Jugendlicher eine Selbstverständlichkeit. In den 80er-Jahren des 19. Jahrhunderts wurden in Irland zwischen 38 und 46 Prozent und in Deutschland zwischen 28 und 32 Prozent des familiären Budgets von den Kindern beigesteuert.[10] Inzwischen ist Kinderarbeit nahezu unbekannt und die Arbeit Jugendlicher unter sechzehn Jahren eher selten.[11] Statt im Schweiße ihres Angesichts eine sinnlose Tätigkeit auszuführen, sollen die jungen Generationen in die Schule gehen und die Kindheit und Jugendzeit genießen.

Die Abschaffung der Kinder- und Jugendarbeit ist eine große Errungenschaft unserer Zeit. Die andauernde rigorose Ablehnung der Kinder- und Jugendarbeit beruht jedoch auf Vorstellungen, die nicht mehr zeitgemäß sind. Wenn wir uns mit dem Thema der Kinder- und Jugendarbeit auseinandersetzen, dann müssen wir von unserer *aktuellen* gesellschaftlichen Situation ausgehen. Arbeit ist zum wichtigsten Einstiegsweg in unsere Konsumgesellschaft geworden. Wie oben dargestellt arbeiten die Mehrzahl der Bewohner der westlichen Länder längst nicht mehr, um die primären existentiellen Bedürfnisse zu befriedigen, sondern weil sie die Fantasien, die mit Produkten assoziiert werden, realisieren möchten. Man kauft nicht einfach ein Fahrrad, damit man von einem Ort zum anderen kommt, sondern weil man dadurch Jugendlichkeit, Sportlichkeit und Groove bekommt. Kinder und Jugendliche sollen weiterhin nicht für ihr persönliches Dasein oder jenes der Familie aufkommen. Auch darf ihre Bildung wegen Arbeitseinsätzen keinen Schaden erleiden. Die Kehrseite dieses Kinder- und Jugendschutzes ist jedoch, dass Jungen und Mädchen von der Arbeitswelt ausgeschlossen werden. Sie dürfen nicht am lauten, bizarren, widersprüchlichen, problematischen und fantastischen Konsumzirkus teilnehmen. Mit Geld erkaufen wir uns heute Träume. Über eigenes Geld zu verfügen bedeutet, ein zu Konsum fähiges Subjekt zu sein, das den Fantasien, die mit den Produkten assoziiert werden, nachgehen kann. Dank Geld können wir uns kommentierend, denkend, kritisierend, bewertend und schließlich kaufend ins öffentliche Leben einschalten. Wir verdienen Geld, um an den Tempeln der Zivilisation zu partizipieren, Wunschvorstellungen zu realisieren, und längst nicht wegen des täglichen Stücks Brot auf dem Teller oder des Dachs über dem Kopf. Jugendliche initiieren sich zum Teil über die Konsumtempel in unsere Kultur. Ohne Möglichkeiten des Geldverdienens durch Arbeit schließen wir sie von dieser Welt aus. Was eigentlich als Schutzmaßnahme für die Kinder und Jugendlichen gedacht war, hat sich zu einem Mittel verwandelt, den infantilen Status der Kinder zu verlängern. Statt sie ausschließlich in die Schule oder eine Ausbildung zu schicken, gilt es darum, ihnen die Gelegenheit zu geben, durch Arbeit Geld zu verdienen. Bei Beginn der Pubertät würde ein geregelter, auf einen Tag beschränkter Arbeitseinsatz den Kindern und Jugendlichen helfen, sich als gleichwertige Mitglieder der Gesellschaft zu fühlen. Dieser Arbeit kann an speziellen Tagen, während deren der reguläre Unterricht suspendiert wird, nachgegangen werden, während der Ferien oder während längerer Projektwochen. Es darf sich jedoch nicht um eine Pseudoanstellung oder die Übernahme einer Scheinverantwortung oder pädagogisierten Arbeit handeln, wie es 1908 Georg Kerschensteiner oder im 19. Jahrhundert Robert Seidel forderten.[12] Die Arbeit wird nicht als Erziehungs- und Bildungsmittel eingesetzt, sondern als Integrationsschritt. Es muss sich darum um effektive, sozial relevante Tätigkeiten handeln: als Verkäufer in einem Laden arbeiten, Botengänge durchführen, Putzarbeiten ausführen, Kinder hüten oder Adressen eintippen. In unserer Berufs- und Arbeitswelt gibt es auch Aufgaben, die mit wenig Geschick ausgeführt werden können und für die man keine große Ausbildung braucht. In einer Schweizer Schule wurde neben einem Schulhaus eine Arbeitsbörse für Kinder errichtet. Firmen können dort für Kinder und Jugendliche Arbeitsaufträge vergeben. Mit Begeisterung setzen sich die Kinder auch für banalste Arbeiten ein, ganz zum Ärger der Lehrpersonen.

Es genügt nicht, wenn Jugendliche von den Eltern angehalten werden, im Haushalt mitzuhelfen, oder sie in der Schule gewisse Ämtchen übernehmen müssen. Die Arbeit, die Pubertierende brauchen, muss regulär bezahlt werden und im Rahmen eines normalen Arbeitsverhältnisses erfolgen. Wenn wir Jugendliche ernst nehmen, dann müssen wir ihnen die Chance geben, sich an den Imaginationen um den Konsum zu beteiligen, sich eigene Kompetenzen anzueignen und persönliche Fähigkeiten zu entwickeln. Natürlich muss diese Arbeit gesetzlich geregelt werden und darf nicht die Schule ersetzen.

»Es ist interessant, welche Mineralwasserflaschen die Leute kaufen. Eigentlich sind doch alle gleich, im Kleingedruckten steht dasselbe, doch die Leute schauen halt auf das Etikett!« Der dreizehnjährige Junge arbeitet seit zwei Wochen im lokalen Einkaufsladen. Er füllt die Gestelle auf und darf gelegentlich Kunden bedienen. Die Ferienarbeit hat den Jungen in den Augen der Eltern und der Tante verwandelt. Der sonst ungelenke und schüchterne Junge wirkt selbstsicher und nicht mehr mundfaul. Seine Unzufriedenheit und permanente Kritik an allem, was die Mutter oder die Schule betrifft, ist verschwunden. Seitdem er sich im Lebensmittelladen engagieren kann und dafür richtig bezahlt wird, wirkt er viel zufriedener.

Die Hoffnung ist, dass Pubertierende durch ihre Einsätze das Wesen unserer Kultur kennen lernen. Sie müssen nicht geduldig im Warteraum verharren, sondern dürfen Verantwortung tragen. Auf diese Weise werden sie in unsere Kultur initiiert. Parallel zum schulischen Alltag stehen sie mit einem

Fuß in der Berufs- und Arbeitswelt. Für die Schule hat eine solche Lösung den Vorteil, dass die Kinder und Jugendlichen früher spüren, dass sie ernst genommen werden. Die psychologisch schwer zu ertragende Wartestellung wird verkürzt. Die Arbeit ermöglicht den Jugendlichen, sich an den Träumen und Fantasien unserer Gesellschaft zu beteiligen.

Permanente Infantilisierung

»South Africa free! We all march on the path of peace!« Der Text ist mehrstimmig intoniert. Drei Dutzend junge Frauen und Männer stehen steif und verlegen vor der erwachsenen Zuhörerschaft. Ihre Augen sind auf die gestikulierenden Arme des grauhaarigen Dirigenten fixiert. »Ein Lied zur Völkerverständigung!«, hatte er vorher enthusiastisch verkündet, der Pferdeschwanz eine Reminiszenz der 68er-Jahre und Beweis der Offenheit. Der Chor simuliert nun, vom linken auf den rechten Fuß hin und her schaukelnd, den Marsch, sodass auch der Letzte im Saal weiß, was marschieren heißt. Zwei Jungen erheben an einer vorher festgelegten Stelle die Faust und singen etwas lauter: »Freedom!« Soll der Akt wohlinszenierter Spontaneität uns aufrütteln? Keine Stimme empört sich? Alles wirkt schön, gesittet und geordnet. Blickt man jedoch die jungen Frauen und Männer an, dann beschleicht einen ein eigenartiges Gefühl. Ihre Blicke wirken distanziert und abwesend. Sie fühlen sich nicht wohl. Mit ihrer Seele sind sie woanders. Sobald ihr kurzer Auftritt vorbei ist, stürzen sie zur Tür. Keiner will auch nur eine Sekunde länger als nötig bei dieser Erwachsenenveranstaltung dabei sein. Die jungen Menschen wirken präsent, intelligent und voller Vitalität, doch offensichtlich behagt es ihnen nicht, dem Dirigentenstab zu folgen und sich den Fantasien eines Erwachsenen unterzuordnen. Sie drängen nach etwas anderem.

Zu Beginn der Adoleszenz sind beim jungen Menschen fast alle Fähigkeiten und Persönlichkeitseigenschaften entwickelt, die ihn als Erwachsenen auszeichnen. Ein Fünfzehnjähriger macht sich Gedanken über den Sinn des Lebens, entwickelt Lebenspläne, hat erotische Fantasien und richtet sein Verhalten nach Zielen und Ideen. Das Temperament, die Willensstärke, besondere Fähigkeiten und die Grundeinstellung dem Leben gegenüber verändern sich nicht mehr grundlegend. Junge Adoleszente sind Menschen, die ihre Kräfte und Fantasien, ihre Unruhe und ihre Bedürfnisse in die Gesellschaft einbringen möchten. Sie haben die Kindheit verlassen und wären bereit, sich den Verantwortungen, Pflichten und Herausforderungen des außerfamiliären und außerschulischen Lebens zu stellen. Sie möchten eigentlich ihre Umgebung aktiv mitgestalten. Gleichzeitig fürchten sie sich jedoch davor, den geschützten Status als Jugendlicher gegen die Erwartungen, den Druck und die Pflichten der Erwachsenenrolle auszutauschen. Diese Ambivalenz hat zur Folge, dass die Vorgaben der Kultur wichtig werden. Der Initiationsweg, den die Gesellschaft den Jugendlichen anbietet, erleichtert den Schritt ins Leben dort draußen.

Wie die kulturellen Vorgaben den Weg ins Erwachsenenleben beeinflussen, illustriert ein Blick in die Geschichte. Auch junge Menschen möchten sich profilieren, wenn Erziehung, Bildung und Gesellschaft es erlauben. Der Arzt Theophrastus Bombastus von Hohenheim (1493–1541), besser bekannt als Paracelsus, wurde mit 22 promoviert und begann zu praktizieren, Karl Marx (1818–1883) hat seine Studien mit 23 beendet und Friedrich Nietzsche (1844–1900) wurde sogar mit

24 Jahren zum Professor für Philologie nach Basel berufen. Studienzeiten wurden früher abgeschlossen. Auch außerordentliche Leistungen wurden in jungen Jahren vollbracht: Gioacchino Rossini (1792–1868) wurde mit 16 Jahren *maestro al cembalo* und schrieb mit 18 Jahren seine erste *scrittura*. Mit 20 hatte er schließlich bereits fünf erfolgreiche Opern geschrieben. Richard Strauss (1864–1949) verlegte mit 17 Jahren seinen ersten Festmarsch. Jane Austen (1775–1817) publizierte ihre ersten Kurzgeschichten mit 17 Jahren. Obwohl das natürlich nur Einzelbeispiele sind, sind sie ein Hinweis, dass das Jugendalter heute viel länger dauert.

Die Lustlosigkeit und Passivität des Chors der 18- bis 21-jährigen Männer und Frauen drückt den Ärger aus, immer noch in einem gesellschaftlichen Provisorium verharren zu müssen. Das Jugendalter wurde in den letzten Jahrzehnten ausgedehnt. Im Gegensatz zum Mittelalter oder der Neuzeit ist es heute kaum mehr üblich, mit 15, 16 in die Berufswelt einzusteigen. Sowohl die Ausbildungszeit als auch der Zeitpunkt des Eintritts ins Erwachsenenleben als Privatmensch wurden nach oben versetzt. Der junge Mensch muss, obwohl er psychisch wie auch körperlich bereits ein junger Erwachsener ist, jahrelang warten, bis er in die Gesellschaft integriert wird. Er lebt in einem frei flottierenden Stadium, ist weder Fisch noch Vogel und weiß nicht, was seine zukünftigen Aufgaben sein werden.

Es eröffnet sich eine Diskrepanz zwischen dem, wozu ein junger Mensch fähig wäre, und dem, was die Gesellschaft von ihm will. Seine Begabungen, seine Fähigkeiten und seine Energien werden kaum genutzt. Er fantasiert über die Gesellschaft, drängt nach draußen, wird jedoch in den Bildungswarteraum versetzt. Begründet wird dieses psychosoziale Moratorium durch komplexe Herausforderungen der Gesellschaft, das schwierige psychosoziale Umfeld und eine differenzierte, anforderungsreichere Gesellschaft. Um eine Position zu erklimmen und Kompetenzen zu akquirieren, müssen zuerst diverse Ausbildungen absolviert werden. Inhaltlich sind diese Forderungen meistens begründet. Viele Berufe erfordern enorm viel Wissen und Kompetenzen. Die Frage ist jedoch, ob die Vermittlung dieser Kompetenzen über das psychosoziale Moratorium erfolgen soll. Ist es für junge Menschen gut, wenn sie jahrelang die Schulbank drücken oder sich Lehrmeistern fügen müssen, wenn es sie eigentlich nach draußen drängt und sie sich beweisen möchten? Werden die Ressourcen und Ideen der jungen Menschen wirklich genutzt, oder kommt es zu einer Scheinanpassung?

»Bei Ihnen habe ich große Bedenken, das Diplom zu übergeben!«, äußert der Schuldirektor besorgt, als er das Fähigkeitszeugnis als Elementarlehrer übergibt. »Ihre Unpünktlichkeit, Ihre Unzuverlässigkeit wird sich schlecht auf die Schülerschaft auswirken!« Der Student hat vier Jahre lang eine Lehrerbildungsinstitution besucht. Häufig erschien er spät zu Lektionen, schwänzte die Schule oder vernachlässigte die Hausaufgaben. Sechs Jahre später: »Wir freuen uns außerordentlich, Sie als Lehrer bei uns zu haben. Ihre Einsatzfreude, Ihre Hingabe für die Schüler und Schülerinnen sind beispielhaft. Auffallend war, wie Sie sich Zeit für sie nahmen, jeweils eine halbe Stunde vor Unterrichtsbeginn im Klassenzimmer waren, um sich etwaigen Problemen ihrer Schüler und Schülerinnen zu widmen …« Worte des Schuldirektors über den gleichen Lehrer. Drei Jahre hatte er unterrichtet und vorzügliche Arbeit geleistet. Was war geschehen? Wir entwickeln unsere Fähigkeiten und Begabungen in Auseinandersetzung mit der Kultur, der wir angehören. Ob wir eine Leistung erbringen, unsere Begabungen und Leistungen entwickeln, unseren Mann oder unsere Frau stehen, hängt von den direkten Erwartungen der Umgebung ab. »Schwimmen lernt man im Wasser.« Erst wenn wir wirklich Verantwortung oder eine existentielle Herausforderung annehmen, manifestieren sich Fähigkeiten und Kompetenzen. Übungen im pädagogischen Leerraum bereiten uns zwar vor, sind jedoch kein Ersatz für die Praxis. Es ist zweifelhaft, ob ein Mensch im luftleeren Raum seine persönlichen Stärken und Schwächen kennen lernt. Was es heißt, Verantwortung zu tragen oder ein Problem zu bewältigen, wird kaum während eines Studiums, einer Schule oder Ausbildung ermittelt. Mit dem individuellen Persönlichkeitsprofil wird man erst in der Realität konfrontiert. Durchhaltevermögen, die Fähigkeiten zur Identifikation, Kooperationsfähigkeit, Loyalität und Kommunikation in schwierigen Situationen manifestieren sich erst im realen Leben. Das psychosoziale Moratorium verbannt jedoch die überwiegende Mehrzahl der Jugendlichen in einen Warteraum. Sie werden infantilisiert, da sie von existentiellen Herausforderungen und Verantwortungen ferngehalten werden. Die Schule bleibt ein Glasperlenspiel, wo der junge Mensch unter der Obhut der Lehrpersonen Selbstständigkeit proben und sich Kompetenzen aneignen sollte, jedoch von den wirklichen Herausforderungen verschont wird. Auch wenn er oder sie sich während der Schule engagiert, Projektionen in der Schule haftet immer etwas Künstliches an. Der Vortrag vor der Klasse oder das Schulprojekt ist nicht wirklich existentiell relevant. Die schulische Situation unterscheidet sich diametral von einer wirklichen beruflichen Herausforderung. Führt man ein eigenes Restaurant, so droht immer der Konkurs, arbeitet man als Flugzeugmechaniker, dann können die eigenen Handlungen für die Sicherheit des Flugzeuges folgenschwer sein. Die Problematik des Praxisbezuges zeigt sich noch krasser in den tertiären Ausbildungsstufen, den Gymnasien und Universitäten. Auch wenn dort eifrig über das therapeutische Gespräch oder Maßnahmen zur Belebung der Wirtschaft reflektiert wird – was es heißt, ein gutes Gespräch zu führen oder eine Firma zu gründen, wird durch solche Planspiele und Übungen nicht vorausgenommen.

Die demonstrative Passivität, der coole Auftritt, das Schwatzhafte, das Chaos, die Introvertiertheit und die Disziplinlosigkeit, mit der Jugendliche auffallen, ist eine natürliche Reaktion auf die künstliche Infantilisierung, die sie erfahren. Jugendliche werden mit Bildungsargumenten in ein spezielles Gehege verwiesen, damit die Alten weiterhin nach Lust und Laune walten können. Meist bleibt ihnen nichts anderes übrig, als durch kakophonischen Lärm, anarchisches Verhalten oder passiven Protest auf sich aufmerksam zu machen. Elektro-Musik oder die lärmigen Love- oder Street-Parades sind letztlich hilflose Versuche, sich Gehör zu verschaffen. Jugendliche müssen von Zeit zu Zeit zu spät kommen, Aufgaben vergessen oder abwesend sein, da sie dadurch ihre Autonomie für sich selber beweisen. Sich ganz zu fügen würde bedeuten, die innere Unabhängigkeit zu verlieren. Schule dient nicht nur dem Lernen, sondern hat sich inzwischen zu einem Mittel entwickelt, die Jugend vom erlauchten Kreis der promovierten, etablierten und meist mehrfach diplomierten Machtträger fernzuhalten.

Natürlich, verbal wird beteuert, dass der Nachwuchs gefördert und den Jungen Verantwortung abgegeben werden soll. Unbewusst will man die Jungen aber von sich halten. Sie fordern unverständliche Neuerungen, stellen die eigenen Generationenmythen in Frage oder leiten einen Paradigmenwechsel ein. Das Verhältnis zwischen den Generationen ist darum ambivalent. Das Abwehrverhalten der etablierten Garde ist verständlich. Die Jugend bleibt die größte Bedrohung für Männer und Frauen, die Positionen bekleiden und Macht innehaben. Während Angehörige der gleichen Altersgruppe durch taktische Methoden neutralisiert und abgewehrt werden können, sitzt man bei der nachfolgenden Generation am kürzeren Hebel. Da sie mehr Lebensjahre auf dieser Erde verbringen wird, wird sie einen überleben. Die Erhöhung der Eintrittskriterien ins Erwachsenenleben bleibt die einzige wirksame Gegenstrategie. Die Schwelle vor einer Position kann durch neue Ausbildungsgänge und höhere Anforderungsprofile hochgeschraubt werden. Es gilt die Adoleszenz möglichst bis ins dreißigste Altersjahr auszudehnen, damit der nächsten Generation die Energien ausgehen und sie ihre Visionen vergisst. Dank des psychosozialen Moratoriums werden Position und Machtfülle gesichert und die Anpassungswilligkeit der neuen Generation getestet.

Die Jugend befindet sich in einer eigenartigen Situation. Einerseits sucht sie den Anschluss an die Erwachsenenwelt, andererseits kommt ihr das psychosoziale Moratorium entgegen. Der infantilisierte Zustand hat den Vorteil, dass man sich länger von den Verantwortungen und Bürden des Lebens distanzieren kann. Die Leichtigkeit des Seins wird gelebt. Existentielle Herausforderungen werden in gesellschaftlichen Freiräumen gesucht. Reisen sind eine Möglichkeit, vor sich selber und den anderen Selbstständigkeit zu beweisen, Paraden eine Chance, sich lärmig zu präsentieren, und auffallende Kleidung ein Weg, visuelle Aufmerksamkeit zu erlangen. Der existentielle Kick wird gesucht, da das psychosoziale Moratorium schwer auszuhalten ist. Rasereien mit Autos, Drogen- und Alkoholkonsum oder Gewalt sind hilflose Versuche, aus dem Schonraum auszubrechen und das wirkliche Leben zu spüren. Verzweifelt wird nach einer wirklichen Konfrontation mit dem Sein gesucht. Die großen Anpassungsleistungen, die im Rahmen der Ausbildung geleistet werden müssen, sind für viele Jugendliche unerträglich.

Vom Traum zur Wirklichkeit

Das Gefühl des Scheiterns bei den Eltern

In vielen Schulen herrscht unter den Lehrerteams der Konsens, dass Eltern heute ihrer Rolle nicht mehr gerecht werden. Diese Auffassung wird auch von vielen Politikern (z.B. Al Gore, dem früheren Vizepräsidenten der Vereinigten Staaten) und Erziehungswissenschaftlern geteilt. Sind Eltern heute überfordert? »Klar ist er frech«, äußert sich dezidiert eine Lehrerin zu einem Schüler, »man darf sich nicht wundern, wenn der Vater nie zu Hause ist und die Mutter sich zur Sklavin degradieren lässt.« Das Verhalten der Kinder und Jugendlichen spiegelt die Eltern wider, ist der allgemeine Konsens. Wären Mutter und Vater lieb, besonnen, vernünftig, präsent, konsequent und klar, dann wäre sicher alles anders. Das Verhalten der Kinder ist eine Folge der Unterlassungen auf elterlicher Seite. Diese elternzentrierte Sicht hat zur Folge, dass bei Vorfällen außerhalb der Familie zuerst an die Eltern gedacht wird. »Es ist ganz wichtig, dass Sie mit Ihrem Sohn darüber sprechen, Sie müssen ihm zu verstehen geben, dass es einfach nicht geht, wenn er jeden zweiten Tag zu spät oder todmüde erscheint. Die Hip-Hop-Parties müssen halt verboten werden!« Die Mutter hört die Ermahnungen der beiden Lehrkräfte ihres vierzehnjährigen Sohnes. Doch was soll sie mit diesen Worten anfangen? Regelmäßig werden Kampagnen mit Appellen an Mütter und Väter organisiert. Eltern werden heute mit vielen Forderungen konfrontiert. Kinder aufzuziehen ist heute keine Nebensache, wie bis in die Mitte des 20. Jahrhunderts, sondern fast ein Vollberuf, der einen mutigen Entschluss voraussetzt. Wer Kinder in die Welt setzt, muss sich gut überlegen, ob er bereit ist, die vielen Opfer auf sich zu nehmen. Elternschaft ist zu einem allgemeinen Thema geworden. Die Sensibilisierung für die psychologischen Zusammenhänge bei der Entwicklung des Kleinkindes zum Jugendlichen hat zur Folge, dass den Eltern ein großer Einfluss zugeschrieben wird. Es wird hervorgehoben, dass bei den noch prägbaren Kindern die Eltern es in der Hand haben, aus ihm einen gereiften, kreativen Menschen oder einen Neurotiker oder Gewalttäter zu machen.[13] Die Aufmerksamkeit, die der Entwicklung des Kindes gegeben wird, steht in merkwürdigem Gegensatz zur Tatsache, dass die Kinderzahl in den meisten europäischen Ländern drastisch gesunken ist (1,33 pro Paar in Deutschland). Je weniger Kinder die Straßen bevölkern, desto mehr werden sie zu einem Thema des öffentlichen Diskurses. Oder: Je mehr wir über Kinder und Erziehung reden, desto weniger wagen es Männer und Frauen, Eltern zu werden. Die Sensibilisierung für die Kinder und die Jugend führt zu einem differenzierteren Bewusstsein über die Zusammenhänge des Aufwachsens, löst jedoch auch Überforderungsgefühle bei den Eltern aus. Während noch Anfang des letzten Jahrhunderts und im 19. Jahrhundert wenig falsch gemacht werden konnte, weil keine Normen und wenig psychologische Ratschläge formuliert wurden, wird man heute als Vater und Mutter genau beobachtet. Der Umgang mit Kindern und Jugendlichen ist nicht mehr Privatsache oder irrelevant, sondern eine Frage von allgemeinem Interesse. Bei Schulversagen, Delinquenz, psychischen Problemen oder Gewalt werden rasch Zusammenhänge mit ungünstigem elterlichen Einfluss festgestellt. »So geht es nicht!«, »Es muss sich etwas ändern!« – diese Sätze blieben obiger Mutter lange im Ohr. Sie spürte die Erwartungen und den Druck, der durch die kinderlosen Junglehrer vermittelt wurde.

Verständnisvolle Autorität oder cooler Kollege: die Doppelrolle der Erwachsenen

Als Vater und Mutter will man es seinen halbwüchsigen Jugendlichen gegenüber richtig machen. Unsere Hoffnung ist, dass das Engagement dazu führt, dass sich unsere Söhne und Töchter gesund entwickeln und mit sich selbst zufriedene Menschen werden. Wir wünschen unseren Jugendlichen einen guten Start ins Erwachsenenleben, ohne dass sie sich zu sehr gesellschaftlichen Normen und dem kollektiven Druck fügen müssen. Um unseren Anteil zu leisten, müssen wir uns die *Kernaufgaben* der Elternschaft vergegenwärtigen. Welches sind die wichtigsten Qualitäten, die man als Vater oder Mutter gegenüber Kindern und Jugendlichen entwickeln sollte? Es gilt, jene Eigenschaften der Elternschaft im Auge zu behalten, die jenseits aktueller Zeitforderungen und Modeströmungen aktuell bleiben.

Vater hat die Familie zu seinem fünfzigsten Geburtstag nach Rom eingeladen. Er möchte seiner Frau und seinen beiden Töchtern vier Tage die italienische Metropole zeigen. Ein reiches Kulturprogramm ist organisiert, ein wunderbares Hotel in der Nähe der Piazza Navona reserviert. Statt jedoch mit ihren Eltern und ihrer jüngeren Schwester auszugehen, bleibt die fünfzehnjährige Tochter im Hotelzimmer. Sie weigert sich, das langweilige Kulturprogramm zu absolvieren, möchte lieber im Internet surfen . Bei den Abendessen verhält sie sich mürrisch und zickig und ist voller Vorwürfe den Eltern gegenüber. Schließlich zwingen sie die Eltern, in die Sixtinische Kapelle zu kommen. Widerwillig, schimpfend willigt sie ein, sie würdigt jedoch die Deckenmalerei von Michelangelo keines Blickes, sondern die billige Lovestory in einem Heftchen hat Vorrang.

In Freundschaften finden Menschen aus Neigung, Sympathie oder gemeinsamen Interessen zueinander. Die Beziehung ist aufkündbar. Bei der Eltern-Kind-Beziehung verhält es sich komplizierter. Kinder können ihre Eltern, Eltern ihre Kinder nicht wählen. Bei der Familie handelt es sich darum um eine *Zwangsgemeinschaft.* Nicht die Persönlichkeit ist der konstituierende Faktor für die Beziehung, sondern biologisch-soziologische Gemeinsamkeiten. Zum Vater oder zur Mutter wird man, ohne zu wissen, wen man nach ein paar Jahren vor sich haben wird. Widmet man sich einem Ekel, Monster, Genie oder einem liebenswürdigen Menschen? Wird man später miteinander auskommen, miteinander reden können? Die Eltern-Kind-Beziehung enthält von Anfang an eine unpersönliche Komponente und ist mit dem Risiko verbunden, dass man sich *nicht* versteht. Kinder sind nicht nur ein Produkt unserer bewussten Erziehungsmaßnahmen, sondern sie sind auch geprägt von unseren unbewussten Persönlichkeitsurteilen und Geschöpfe mit unbeeinflussbaren, vererbten Charaktereigenschaften.[14]

Wir wollen mit unseren Kindern eine *Beziehung* aufbauen, in der man sich von Mensch zu Mensch begegnet und sich in seinen persönlichen Stärken und Schwächen kennt. Kinder verhalten sich gegenüber Eltern jedoch nicht wie Freunde oder Kollegen, sondern die Beziehung zu den Eltern hat einen eigenständigen Charakter. Während jüngere Kinder den

Eltern ausgeliefert sind, sodass diese die Beziehung nach ihrem Willen und ihren Wünschen gestalten, drücken die älteren Kinder der Beziehung zu den Eltern ihren Stempel auf. Die Eltern-Kind-Beziehung wandelt sich und die Kinder oder Jugendlichen stoßen die Eltern vor den Kopf, beleidigen oder provozieren sie. Zur Irritation vieler Eltern rücken die Beziehungsqualitäten der Klein- und Schulkindzeit in den Hintergrund. Die Tochter steht nicht mehr mit großen Augen in der Küche und möchte beim Kochen mithelfen, der Sohn kuschelt sich am Morgen nicht mehr ins elterliche Bett. Der Sohn oder die Tochter präsentiert sich anders und neue Persönlichkeitszüge manifestieren sich. Die Beziehung zwischen Eltern und Kindern ist nicht mit den Kriterien einer normalen Beziehung erfassbar. Kinder werden nicht automatisch zu späteren Freunden, sondern ob man sich versteht, miteinander reden und sich auch gerne haben wird, bleibt offen. Die Pflege, Fürsorge und die Tausende von Stunden, die man sich als Vater oder Mutter den Kindern widmet, haben zwar eine starke *Bindung* zur Folge, ob diese in eine freundschaftliche Beziehung mündet, ist jedoch nicht sicher.

Um die Rolle und die Qualitäten der Beziehung zwischen Eltern und Kindern während der Pubertät zu verstehen, müssen wir uns den tieferen psychologischen Qualitäten dieser Beziehung zuwenden. Die Eltern erfüllen ihren Kindern gegenüber eine *Doppelrolle.* Sie haben einerseits die Aufgabe, mit ihren Kindern oder Jugendlichen eine Beziehung aufzunehmen, sie in ihrer Individualität wahrzunehmen und ihnen von Mensch zu Mensch zu begegnen. Beziehung heißt, dass sie sich mit ihnen auf einer *persönlichen* Ebene auseinandersetzen, sich ihnen öffnen und sich in sie einfühlen. Sie versuchen, die Kinder nicht als Typus wahrzunehmen, sondern als Individuum. Neben dieser Beziehungsaufgabe haben die

Eltern andererseits jedoch noch eine andere Rolle, die vor allem während der Pubertät an Bedeutung gewinnt. Sie repräsentieren eine *unpersönliche Leitfigur*. Jugendliche suchen im Vater und in der Mutter nicht nur ein Beziehungsobjekt, sondern den unpersönlichen, erwachsenen Gegenspieler, der *allgemeine Regeln* und *Ideen* darstellt. Eltern sind für Jugendliche nicht nur Individuen, mit denen sie in einer persönlichen Beziehung stehen, sondern auch kollektive Figuren. Jugendliche beginnen ihre Eltern als Größen wahrzunehmen, an denen sie sich bei der Suche nach dem eigenen Weg orientieren oder messen, gegen die sie sich auflehnen oder von denen sie sich abgrenzen können. Diese beiden Rollen sind mit spezifischen Aufgaben und Herausforderungen verbunden. Zuerst wird hier auf die Rolle der Eltern als Beziehungspartner eingegangen, anschließend die archetypische Qualität der unpersönlichen Elternrolle beschrieben.

Unsere Beziehung zu Kindern

»Alle Eltern lieben ihre Kinder!« steht lapidar in der Einleitung eines Erziehungsratgebers. Die Aussage trifft für die überwiegende Mehrzahl der Eltern zu, hilft jedoch oft bei den konkreten Auseinandersetzungen mit der nächsten Generation nicht weiter. Die Liebe zu unseren Kindern und Jugendlichen ist zwar die Grundlage jeder Erziehungsarbeit, entbindet uns jedoch nicht von der Pflicht, der psychologischen Dynamik der Eltern-Kind-Beziehung genauer ins Auge zu sehen. Die überschwänglichen Gefühle, die Kinder in uns auslösen, sind kein Garant dafür, dass wir das Kind auch *verstehen* und mit ihm eine gute Beziehung aufbauen können. Nüchtern ausgedrückt: Die emotionale Besetzung des Kindes genügt nicht, um die psychologische Dynamik zu erfassen und unseren Kindern und Jugendlichen gerecht zu werden. Während der Pubertät haben viele Mütter und Väter darum das Gefühl, der eigene Sohn oder die eigene Tochter sei ihnen fremd, obwohl positive Gefühle und die Bindung immer noch da sind. Die Beziehung ist auf den Nullpunkt gesunken, die Liebe ist jedoch immer noch da.

Kinder sind uns vertraut, weil wir selber auch eine Kindheit durchlebt haben. Kinder symbolisieren eine ferne Epoche, von der oft nur noch vage Erinnerungen vorhanden sind. Die Gefahr ist, dass diese schummrigen Impressionen unsere Wahrnehmung der realen Kinder zu sehr beeinflussen. Über das eigene Kind begegnen wir Emotionen aus unserer Vergangenheit. Wir nehmen mit dem eigenen Kind eine Beziehung auf, versuchen ein guter Vater oder eine verständige Mutter zu sein und realisieren nicht, dass unser Verhalten Reminiszenzen der eigenen Kindheit enthält. Scheinbar richten wir unsere Aufmerksamkeit auf das eigene Kind, in Tat und Wahrheit haben wir Erlebnisse der eigenen Kindheit im Visier. Komplexe der Vergangenheit werden am eigenen Kind abgehandelt. Hinter manchen dezidierten Äußerungen zur Kindererziehung verstecken sich emotional besetzte Erinnerungsstücke: »Kinder sollen am Familienleben teilnehmen können!«, betont eine Mutter und reagiert damit auf die Erfahrung in der eigenen Kindheit, wo sie immer wieder vom Elterntisch ausgeschlossen wurde, oder eine Mutter will auf keinen Fall, dass ihr Sohn und ihre Tochter im Haushalt mithelfen. Sie reagiert auf ihre Kindheit, während der sie konstant im Haushalt mithelfen musste. Die rückwärtsgewandte Fixierung droht vor allem bei kleineren Kindern. Da sie in ihrer Persönlichkeit noch nicht klar profiliert sind, bieten sie sich als *Projektionsfiguren* an. Obwohl natürlich schon

Kleinkinder über individuelle Charakterzüge und Kompetenzen verfügen,[15] sind es die Erwachsenen, die aufgrund einer natürlichen Überlegenheit die Beziehung prägen. Wird die eigene Vergangenheit Basis für den Kontakt zu Kindern, dann ist es nicht einfach, zwischen eigenen innerseelischen Bildern und realen Kindern zu unterscheiden. Die Trennlinie zwischen Fantasie, realen Erinnerungselementen und Wunschvorstellungen ist nicht eindeutig. Spätestens während der Pubertät werden die Eltern brutal des Trennenden zu den eigenen Kindern gewahr. Es gilt dann auch von der eigenen Vergangenheit endgültig Abschied zu nehmen.

»Ich stellte mir bei der Geburt meines zweiten Kindes vor, wie ich mit meiner Tochter und meinem Sohn in einem rassigen Sportwagen durch eine wunderbare Sommerlandschaft brause!«, scherzt ein zweiunddreißigjähriger Vater. Um den Qualitäten der Beziehung zu unseren Kindern näher zu kommen, gilt es nicht nur die eigene Vergangenheit, sondern auch die Bilder und Fantasien zu reflektieren, die wir über unsere Kinder entwickeln. Mit Beginn der Elternschaft malen wir uns bewusst oder unbewusst aus, wie der Kontakt sein wird. Innere Bilder drängen an, wie die Beziehung zum Sohn oder der Tochter sein wird. Unbewusst beginnen wir Pläne zu schmieden. Man möchte später einmal die Tochter in die Welt der Literatur oder des Sports einführen, ihr eine gute Kollegin sein oder man sieht die Tochter als temperamentvolle Künstlerin. Die Beziehung zu unseren Söhnen und Töchtern beginnt nicht als unbeschriebenes Blatt, sondern wird mit solchen willkürlichen, oft unbewussten Einstiegsfantasien belastet, belebt oder angereichert: Diese subjektiven Bilder spiegeln die eigene Persönlichkeit, Wünsche und die Wahrnehmung des Sohns oder der Tochter wider.

Eine Mutter kaufte vier Monate nach der Geburt ihres ersten Sohnes einen Arztkittel, den sie »zufällig« in einem Kleiderladen entdeckt hatte. Vierzig Jahre später war dieser Sohn tatsächlich einer der erfolgreichsten orthopädischen Chirurgen der Schweiz und Chefarzt eines renommierten Spitals.

Solche Einstiegsfantasien bilden eine erste, mentale Brücke zum Kind. Sie enthalten oft sehr romantische Züge. Sie geben den Eltern Kraft und Mut, das Wagnis Elternschaft anzunehmen. Unsere Seele entwirft Zukunftsprojektionen; damit wird geholfen, Schritte in die Ungewissheit und das Dunkel des Familienlebens zu wagen. Sie motivieren uns, die Herausforderungen der Elternschaft anzunehmen. Wir müssen uns jedoch später von ihnen distanzieren. Was wir uns vorstellen, entspricht selten der effektiven Beziehung. Orientieren wir uns ausschließlich an diesen Einstiegsfantasien, so werden wir unweigerlich enttäuscht werden. Verstehen wir es jedoch, uns innerlich von ihnen zu lösen und uns den Begegnungen mit den realen Kindern zu stellen, so werden wir überrascht, erstaunt, erfreut, verärgert und vielleicht irritiert werden. Die ersten Projektionen auf das Kind sind wichtig, weil sie den Sohn oder die Tochter mit *positiver seelischer Energie* besetzen und uns motivieren, uns unseren Kindern zu widmen. Sie verblassen, wenn die Kinder in die Pubertät kommen. Durch die Auseinandersetzung mit den Eltern wollen die Jugendlichen auch diese Einstiegsfantasien zerstören und sich in ihrer Individualität präsentieren.

»Mein Vater hat zwar nie mit mir gespielt, doch bei klarem Nachthimmel führte er mich in den Garten, forderte mich auf, die Sterne anzusehen, und begann von wunderlichen Zusammenhängen zu sprechen. Diese Momente mit ihm hatten immer etwas Erhabenes, Besonderes«, berichtet eine sechsunddreißigjährige Frau von ihrem Vater. Eine gute Beziehung zum Sohn oder der Tochter aufzubauen ist nicht immer einfach. Wir müssen Energie und immer wieder Zeit aufwenden, um in eine Beziehung zu treten. Doch auch Beziehungen zu Kindern sind nicht machbar, sondern es braucht die seelische Bereitschaft, sich zu öffnen und innerlich berühren zu lassen. Ein verbreitetes Missverständnis ist, dass durch »bewusste Beziehungsgestaltung« das Verhältnis zum Sohn oder der Tochter gesichert wird. »Quality time«, gemeinsame Aktivitäten, wiederholte Gespräche und aktive Auseinandersetzung mit den Interessen des Kindes sind keine Garanten für eine gute Eltern-Kind-Beziehung. Auch wenn die Eltern pflichtbewusst Streicheleinheiten verabreichen, ihre Kinder mit Liebesrhetorik überhäufen und auf dem Boden herumrutschen, um Spielzeugmännchen in Autos herumzukutschieren, kann es schiefgehen. Auch die Beziehung zu den eigenen Kindern hat eine Komponente, die nicht durch unseren Willen beeinflussbar ist. Ob bei zwei Menschen etwas seelisch anklingt, bleibt geheimnisvoll. Wichtig ist, dass die Eltern realistische emotionale Ausgangsbedingungen schaffen und ihren Anteil leisten, damit eine gute Beziehung entstehen kann. Um diese aufzubauen, müssen jedoch nicht die Interessen, Hobbies und Spiele der Kinder geteilt werden. Die Hinwendung zu kindlichen Aktivitäten hat nur einen Sinn, wenn wir selber ein Minimalinteresse mobilisieren: Das Computerspiel muss auch für uns spannend oder die sportliche Aktivität eine körperliche Herausforderung sein. Puppen an- und auszukleiden oder Tanks unter dem Wohnzimmerteppich zu verstecken ist jedoch nicht jedermanns Sache. Zwingen wir uns trotzdem dazu, weil wir einem kollektiven Trend gehorchen und Erziehung inszenieren wollen, dann erhalten die Kinder verwirrende Doppelsignale. Wieso spielt der Vater mit mir und lächelt so angestrengt? Kinder registrieren unsere Befindlichkeit und werden verunsichert. Wenn wir als Vater oder Mutter in die Welt der Kinder abtauchen, dann soll es alle Beteiligten faszinieren.

Beziehungen zu Kindern leben auch von dem, was die Eltern bereit sind zu teilen. Die Faszination für etwas, Hobbys, berufliche Herausforderungen und Interessen sind eine wichtige Kontaktbrücke. Eltern sollen frühzeitig ihre Kinder in ihre Welten einführen, auch wenn sie nicht alles verstehen. Die Kinder merken, dass ihre Eltern sich auch außerfamiliären Themen widmen, und können an einem Teil der Faszination oder auch des Ärgers partizipieren. Sie wachsen auf mit dem Gefühl, dass der Vater und die Mutter nicht nur für die Familie leben, sondern ein Teil der Seele in der Außenwelt lebt, die ihnen noch fremd ist. Bricht die Pubertät an, dann wissen die Kinder, dass ihr Vater und ihre Mutter auch mit der »Welt dort draußen« verbunden ist. Obwohl sie als Kind nicht verstehen, was den Vater oder die Mutter umtreibt oder interessiert, später kommen sie auf diese Erinnerungen zurück. Sie werden zu einer mentalen, inneren Orientierung bei den schwierigen pubertären Auseinandersetzungen.

Die Eltern als archetypische Leitfiguren

»Hör doch endlich auf zu fragen!«, schreit die Tochter ihre Mutter an. »Ich möchte doch nur wissen, wie es dir in der Schule ergangen ist!«, entgegnet bestürzt die Mutter. Während der Pubertät vermindert sich die Bedeutung der Eltern als Beziehungspartner. Das Persönliche zwischen Eltern und Kindern tritt in den Hintergrund. Der Jugendliche sucht im Vater oder in der Mutter nicht nur den verständnisvollen, hilfsbereiten Begleiter, sondern will sich über die Eltern ärgern, aufregen, empören und von ihnen immer wieder abgrenzen. Die Hauptfunktion der Eltern hat sich gewandelt. Kinder wollen ihre Eltern nicht nur als Hans Bärtschi oder Frederica Mühlemann erleben. Während der Pubertät werden die Eltern von den Jugendlichen entpersönlicht. Während Auseinandersetzungen sind sie keine »Menschen« und Bezugspersonen, sondern Gegenspieler. Da sie sich selber und die Welt entdecken wollen, verordnen sie den Eltern eine ganz bestimmte Aufgabe. Sie werden zu *Archetypen. Die Auseinandersetzungen, die Jugendliche mit ihren Eltern anstreben, gelten darum nicht der Person, sondern dem Archetyp, welcher der Vater oder die Mutter auch sind. Der Archetyp stellt die allgemeinen Züge einer Rolle oder Aufgabe dar, das Typische oder universell Bekannte in einer bestimmten Funktion.* Eine Lehrperson arbeitet mit ihrer Klasse als Mensch mit bestimmten Eigenschaften, sie ist zum Beispiel sensibel, humorvoll und vielleicht leicht desorganisiert, gleichzeitig lebt sie jedoch Eigenschaften, die zu ihrer Aufgabe und nicht zu ihrer Person gehören: Sie muss Grenzen ziehen, Regeln festlegen und für die Klasse eine Überstruktur repräsentieren. Unabhängig von ihrem Charakter begibt sie sich in ein psychologisches Kräftefeld, das sich durch bestimmte Erwartungen, Verhaltensmuster und Dynamiken auszeichnet. Auch wenn sie sich persönlich dagegen sträubt, mit der Übernahme der Lehrerrolle nähert sie sich unweigerlich dem entsprechenden Komplex. Das Lehrhafte in ihr dringt an die Oberfläche. Bei Archetypen handelt es sich um Kraftkerne, die in unserem Unbewussten als Dispositionen vorhanden sind und die auch in der Gesellschaft tradiert werden.[16] Der biologische Vater wird nicht nur als individuelle Person erlebt, sondern die Seele sieht in ihm eine Gelegenheit, das *Väterliche an sich* zu realisieren. Die Vaterimago oder Mutterimago lebt in der Beziehung zu den Eltern auf.

Die Eltern sind darum für die Kinder *auch* unpersönliche Figuren.

Während der Pubertät drängen die Jugendlichen ihre Eltern mehr als zuvor in die archetypische Rolle. Jugendliche wollen ihre Eltern entpersönlichen, damit sie den Verführungen und Relativierungen der persönlichen Beziehung widerstehen und sich als autonome Individuen der Welt dort draußen präsentieren können. Um sich selbst zu finden, braucht es Auseinandersetzungen auf dieser unpersönlichen, archetypischen Ebene. Vater und Mutter werden als Symbol erlebt für das Väterliche respektive das Mütterliche. Die Interaktionen auf der Beziehungsebene werden verheimlicht: Nach außen pocht man auf die eigene Autonomie, doch wehe, wenn die Mutter nicht das Essen aufträgt oder der Vater sich nicht wie immer für die Noten interessiert. Die Jugendlichen suchen die archetypische Auseinandersetzung und verwandeln die Eltern deswegen in unpersönliche Figuren, von denen sie sich abgrenzen können. Während der Auseinandersetzung mit ihnen drängen darum Emotionen und Bilder an, die nichts mit der persönlichen Beziehung zu tun haben. »Dass ich mit solchen Eltern gestraft werden muss!«, jammert die fünfzehnjährige Tochter. »Sie sind kleinkariert, konservativ, ängstlich und kleiden sich so, dass man sich schämen muss!« Ihr harsches Urteil gilt dem archetypischen Bild, das sie an ihren Eltern auslebt, und nicht den Eltern als Personen. Der Kontakt mit den Eltern wird mit beziehungsfremden Bildern und Emotionen angereichert. Der konkrete Vater und die konkrete Mutter werden als Metapher gebraucht, um die Beziehung zum Mütterlichen oder zum Väterlichen an sich zu verarbeiten. Da das Kind im Vater das Väterliche an sich sucht, attribuiert es dem Vater Eigenschaften und Verhaltensweisen, die er vielleicht gar nicht hat. Der Jugendliche sieht im Vater eine strenge, autoritäre Figur, die »alles verbietet« und »gar kein Verständnis hat«. Es wird ihm eine mythologische, allgemeine Eigenschaft zugeschrieben, weil der Jugendliche dies für seine Entwicklung braucht.

Ein Archetyp bezieht sich immer auf eine Aufgabe, die *unabhängig* von der jeweiligen Kultur vorhanden ist. Er tritt immer im jeweiligen Zeitkolorit auf, entnimmt seine Energie jedoch der Tiefe des Unbewussten. Neben dem Vater- und Mutterarchetyp gibt es den Priester- und den Heilerarchetyp, die Geliebte, den König, Krieger etc. Der Heiler tritt in einer Kultur als Schamane auf, ausgerüstet mit einer Trommel und eingeweiht in mysteriöse Gesänge, in einer anderen als weißbeschürzter Arzt umgeben von blinkenden Apparaten und ausgestattet mit einem mysteriösen Jargon. Obwohl der Archetyp je nach Kultur anders aussieht, bleiben die Basisqualitäten und die spezifische Dynamik dieselben. Wenn wir also einen Arzt aufsuchen, dann sehen wir den jeweiligen Menschen vor uns, gleichzeitig weckt er in uns Erwartungen und Energien, die zu dem Archetyp und nicht der Person gehören. Wir werden vielleicht geheilt, weil sich der archetypische Heiler vor uns konstelliert, und nicht nur wegen den professionellen Kompetenzen des jeweiligen Arztes.

Ein Vater besucht mit seinem Sohn und seiner Tochter ein Open-Air-Konzert. Er bezahlt nicht nur die horrenden Eintrittspreise, sondern verwöhnt seine Kinder während der Pause mit Eis und Getränken. Das Konzert ist ein Erfolg und die Stimmung ausgezeichnet. Eigentlich sollten sie ihm doch dankbar sein, denkt er, und insgeheim erwartet er auch, dass seine Kinder nett zu ihm sind, wenn sie spät abends zurückkehren. Das Gegenteil geschieht: Kurz bevor sie zu Hause sind, wollen der Sohn und die Tochter, dass man einen Hamburgerstand aufsucht. Aus zeitlichen und finanziellen Gründen sagt der Vater Nein. Anstatt dies jedoch einzusehen, beginnen das Mädchen und der Knabe laut zu protestieren. Er sei »megabrutal« und habe »überhaupt kein Verständnis«. Der Vater ist enttäuscht, beleidigt und der Auffassung, eine verwöhnte »Saubande« vor sich zu haben.

Aus psychologischer Perspektive beurteilt wollten die pubertierenden Kinder ihren Vater als *archetypische* Figur erleben. Sie müssen ihn wieder als Gegenpol spüren. Zusammen ein Popkonzert zu genießen hatte sie wieder in die Kinderrolle gebracht. Sie suchten in ihm unpersönliche Qualitäten, damit sie sich abgrenzen und richtig über ihn aufregen konnten. Für Jugendliche ist ein ausschließlich verständnisvoller, aufgestellter und korrekter Vater unerträglich. Der Vaterarchetyp ist auch distanziert, egoistisch und dominant. Diese väterlichen Eigenschaften ermöglichen den Kindern, sich als eigenständig zu erleben. Der nur liebevolle, verständnisvolle Vater bleibt ein Ärger, weil die Abgrenzung schwieriger wird. Präsentieren sich die Eltern gegenüber ihren Kindern empathisch, offen und dynamisch, dann muss nachgeholfen werden, damit auch der andere, schwierigere Vater- oder Mutteraspekt zum Vorschein kommt. Die Eltern werden provoziert, bis sie dem Archetyp entsprechen. Die Aufregung und die Emotionen gelten jedoch eigentlich nicht dem Vater als Person, sondern der archetypischen Rolle.

Die Notwendigkeit der Gegenrede

Kinder suchen Provokationen, damit sie dem unpersönlichen Moment in der Beziehung nachgehen können. Die archetypische Qualität ermöglicht eine Distanzierung bei Eltern, die sonst aus der Sicht der Jugendlichen in Ordnung sind. *Um sich jedoch abgrenzen zu können, müssen die Jugendlichen ihre Eltern als kollektive Figur erleben, die mindestens ein Jahrhundert hinter den aktuellen Moden hinterherhinkt. Wenn Jugendliche die Eltern anschreien, elterliche Auffassungen und Taten als unmöglich und veraltet erleben, dann gilt die Auseinandersetzung dem Vater- oder Mutterarchetyp.* Das Unpersönliche dringt durch. Wir sollen die Beziehung zu unseren Kindern darum nicht nur durch die persönliche Brille sehen, sondern uns auf den Archetyp konzentrieren, der die persönliche Beziehung usurpiert. Auseinandersetzungen mit Autoritäten, Grenzerfahrungen, Wut, Rebellion oder Versagensängste wollen auch platziert werden. Die Eltern werden während der Pubertät zu Figuren, dank deren existentielle Grunderfahrungen des Lebens gemacht werden können.

Gelassenheit lernen

Während der Pubertät müssen sich die Eltern den Auseinandersetzungen stellen. Sie sollen versuchen, Gelassenheit zu entwickeln. Sie sind Teil eines *archetypischen Dramas,* in dem die Rolle des unverständigen, distanzierten Vaters oder der protektiven Mutter auch gespielt werden muss. Sie können nicht zu Kumpeln oder gar zu Freunden ihrer Kinder werden, sondern haben die Aufgabe, sich als *Gegenspieler* zu präsentieren. Dank der archetypischen Sicht können die oft schwierigen, enervierenden Herausforderungen mit den eigenen Kindern jedoch relativiert werden. *Die Ablehnung, das Geschrei, die Frechheiten gelten meistens nicht den Eltern als Personen, sondern die archetypische Distanz zwischen den Generationen will inszeniert werden. Sie sollten also nicht persönlich genommen werden.* Wenn wir uns weigern, diese Rolle anzunehmen, dann begehen wir den Kindern gegenüber psychologischen Betrug. Die Beziehung zu den Kindern wird privatisiert und die notwendige kollektive Aufgabe vernachlässigt.

Die schleichende Entmachtung der Eltern

»Räum dein Zimmer auf!«, fordert die Mutter ihren vierzehnjährigen Sohn auf. Nach einer Stunde hat er immer noch nichts unternommen. Das Zimmer macht weiterhin den Eindruck, als sei es von einem Bombenangriff heimgesucht worden. Weitere mütterliche Appelle und dringende Aufforderungen folgen. Die Wirkung ist minimal. Die Stimmung der Mutter verschlechtert sich. Ihr Sohn scheint unbeeinflussbar zu sein. Sie verfügt über keine Macht über ihn.

Väter oder Mütter von pubertierenden Jungen und Mädchen spüren, wie ihr Einfluss schwindet. Vielfach gehorchen die Jugendlichen nicht oder der Aufwand, sich durchzusetzen, ist dermaßen groß, dass man die Küche rasch selber aufräumt oder den Abfallsack auf die Straße trägt.

Überall, wo Menschen zusammenleben, stellt sich die Frage der Macht. Wer wo bestimmen, wer wen beeinflussen kann, wie gemeinsame Entscheide gefällt werden und wo die Grenzen der persönlichen Bedürfnisbefriedigungen liegen, muss geregelt werden. Auch eine Familie muss sich diesen Fragen stellen. Welche Machtverhältnisse herrschen, ist oft nicht klar. Die Hierarchien entwickeln sich mit der Zeit und werden oft von den Familienmitgliedern nicht bemerkt. Am Anfang scheint die Machtfrage klar zu sein. Wenn ein Kind zur Welt kommt, ist es den Eltern ausgeliefert. Ein Säugling stirbt ohne die Pflege, Betreuung und Liebe seiner Eltern.

Sein Wohlergehen liegt in den Händen des Vaters und der Mutter. Im Laufe der Entwicklung löst sich das Kind jedoch aus seiner Abhängigkeit und ringt um einen autonomen Einfluss auf sich selber und die Umgebung. Gesunde Kinder wollen sich durchsetzen und sich sukzessive Gestaltungs- und Handlungsfreiräume erobern. Ein Kind merkt instinktiv, wie es auf die Umgebung Einfluss nehmen kann. Ziemlich rasch entdeckt es, dass es ein breites Verhaltensrepertoire zur Verfügung hat, wie es seine Mutter oder seinen Vater manipulieren kann. Ein forciertes Quengeln, ein insistierendes Schreien oder vielleicht auch nur ein richtig eingesetztes Lächeln und der Vater oder die Mutter wird weich. Wenn Kinder noch klein sind, reagieren die Eltern meistens mit Gelassenheit oder Freude, wenn sich der Sohn oder die Tochter versucht durchzusetzen. Je älter die Kinder werden, desto mehr melden sich elterliche Ängste und Werte. Dem natürlichen Willen zur Autonomie stehen die Anliegen der Eltern und der Schule gegenüber. Natürlich werden von der überwiegenden Mehrzahl der Erwachsenen die Selbstständigkeitsschritte der Jugend verbal begrüßt. Kaum ein Vater oder eine Mutter erwartet, dass die Kinder an die Eltern gebunden bleiben müssen. Wir alle möchten, dass die Jugend selbstständig wird und versteht, ein eigenes Leben zu führen. Diese Deklarationen werden jedoch durch unsere wirklichen, gelebten Werte und emotionalen Befangenheiten stark relativiert. Komplexe und heimliche Wünsche an den Sohn oder die Tochter beschränken den Raum, in dem Unabhängigkeit geprobt werden kann. Wenn wir unsere Kinder lieben und mit ihnen verbunden sind, dann haben wir ganz bestimmte Vorstellungen, wie die Selbstständigkeit aussehen sollte. Die Schule verlangt, dass die Aufgaben selbstständig gelöst werden oder ein Projekt eigenständig durchgeführt wird, und die

Eltern möchten, dass das Zimmer eigenständig aufgeräumt oder Musikstunden selber vereinbart werden. Selbstständigkeit ist wichtig, doch nur dort, wo wir sie vorgesehen haben. Das Problem ist, dass die Jugend nicht nur nach Autonomie in von den Erwachsenen wohldefinierten Zonen strebt, sondern sie will spüren, dass sie *wirklich* über Einfluss verfügt. Sie strebt nach Macht und begnügt sich selten mit delegierten Kompetenzen. Jugendliche wollen nicht nur einen gnädigst gewährten Freiraum, sondern von den Erwachsenen gefürchtet und respektiert werden. Macht bedeutet mehr als selbstständiges Entscheiden im vordefinierten Rahmen, Macht beinhaltet auch die Möglichkeit, Handlungen begehen zu können, die bei dem Gegenüber Kopfschütteln, Angst oder zumindest deutliche Irritation auslösen. Das Gefühl, über Macht zu verfügen, haben Kinder, wenn Pläne der Erwachsenen durch eigene Handlungen durchkreuzt werden. Erst wenn man fähig ist, die Großen zu stören, ist der Beweis der eigenen Macht erbracht. Dort, wo sie die wirkliche Macht der Eltern und der Gesellschaft vermuten, wollen Kinder und Jugendliche ihren Einfluss geltend machen. Die Jugend steuert diese sensiblen Bereiche an, um laut ihre Rechte einzufordern: Sind den Eltern Kulturreisen wichtig, dann drängen die Kinder auf Fun-Ferien, möchten die Eltern viel Sport treiben, dann möchten die Kinder mehr Computergames spielen. Je älter die Kinder werden, desto mehr versuchen sie ihre Einflusszone zu erweitern und den Eltern ihren Willen aufzudrängen. Macht wird gegenüber dem Vater, der Mutter und den Geschwistern ausgelebt, indem eigene Wünsche durchgesetzt werden wollen. Jugendliche entwickeln die Fähigkeit, das System der Erwachsenen zu stören. Oft konzentrieren sie sich genau auf diejenigen Themen, durch die sie sich als Störfaktor inszenieren können.

Der Übergang zwischen der ohnmächtigen Position als Kind und der relativen Machtfülle Jugendlicher geschieht nicht reibungslos. Da wir über keine ritualisierten Machtübergaben verfügen, trotzt die Jugend den Eltern in hartnäckigen Auseinandersetzungen Macht ab. Nur wenn sie stören, werden sie wirklich von den Erwachsenen wahrgenommen. Über Tausende von großen und kleinen Konfrontationen werden den Eltern Befugnisse abgerungen, und erst wenn die ältere Generation sich empört, enttäuscht, erstaunt oder perplex von der Jugend abwendet, ist das Ziel erreicht. Es braucht diese ultimative Entrüstung, damit die Jugend das Gefühl der Entscheidungs- und Gestaltungsfreiheit hat.

Jugendliche verfügen oft über verschiedenste Mittel, sich durchzusetzen. Sie stützen sich auf Kräfte ihrer Gleichaltrigen-Gruppen oder inszenieren eigene, innerfamiliäre Auseinandersetzungen. Eine Möglichkeit ist der *Befindlichkeitsterror.* Da die Eltern mit ihren Söhnen und Töchtern emotional verbunden sind, kann über Extremvarianten der eigenen Befindlichkeit auf die Alten Einfluss ausgeübt werden. Schlechte Stimmung oder der totale Überdruss wird gegenüber den Eltern markiert. Der demonstrative Ausdruck der eigenen Emotionen verfehlt meistens seine Wirkung nicht, die Umgebung lässt sich anstecken, regt sich auf, wird irritiert oder gar wütend. Natürlich leiden Jugendliche wegen ihrer erhöhten Gefühlslabilität, doch nicht immer ist das eigene Stimmungstief genuin. Es wird auch als probates Mittel eingesetzt, die Erwachsenen aus dem Konzept zu bringen. Einer Ausstellung, die man als Schulklasse besucht, wird absolutes Minimalinteresse entgegengebracht oder während des gemeinsamen Essens empfindet man die Gespräche als »beschissen«.

Der Wille zu Macht und Einfluss zeigt sich bei Jugendlichen auch in kleinen *Rebellionen.* Unvermittelt wird Widerstand gegenüber den Anliegen der Eltern geleistet, auch wenn die Forderungen sehr gut verstanden und nachvollzogen werden. Kleinste Handlungen der Eltern werden als Gelegenheit zur Rebellion gebraucht. Eine Jacke will nicht angezogen, eine Tasse nicht hinausgetragen oder ein Telefon nicht abgehängt werden. Während der Pubertät eskaliert das Machtgerangel, das schon vorher zwischen Eltern und Kindern abläuft.

Wenn Eltern klare Verhaltensrichtlinien vertreten und Tabus definieren, dann fühlen sich Jugendliche herausgefordert. Dort, wo die Eltern die Einhaltung von Normen oder Verhaltensrichtlinien fordern und betonen, dass man über diesen Punkt nicht diskutiert, wird die Jugend neugierig. Das Verbotene, Verpönte und nicht Erlaubte lockt, weil dort die Erwachsenen wirklich in ihren Positionen in Frage gestellt werden und die Jugendlichen Spannendes vermuten. Zigaretten, Alkohol oder sogar Gewalt[17] sind für sie eine Möglichkeit, bei den Erwachsenen Ärger zu provozieren. An den Reaktionen erkennen die Jugendlichen, ob sie eine existentielle Problematik entdeckt haben. Verbotene Filme sind viel interessanter als die jugendfreien; nicht erlaubte »Tags« (auf Wände gesprayte Namen) interessanter als die Teilnahme an einem offiziellen Graffitiwettbewerb. In einigen Städten Europas haben sich Graffitiszenen etabliert, die von der Illegalität leben. Roll Ups oder Tags werden auf Züge gesprayt und als Ausdruck der Freiheit verstanden. Die Aufregungen und die Ängste der Eltern sind der Beweis, dass man zu einer potenten Gegenkraft herangewachsen ist und über Macht verfügt.

Die meisten Eltern erleben diese Machtkonfrontationen als mühsam. Eigentlich hätte man es sich anders vorgestellt. Die täglichen Diskussionen, die Launenhaftigkeit der Tochter oder des Sohnes und der ständige Streit strengen an und werden nicht verstanden. Vielfach sind die Eltern selber beruflich oder privat überlastet und hatten eigentlich vor, im Beruf oder Privatleben andere Akzente zu setzen. Man möchte das Familienleben genießen, sich entspannen und nicht mit dem Sohn über Ausgangszeiten, die Lehrer oder Kleidung streiten. Als Vater oder Mutter ist darum die Versuchung groß, den Auseinandersetzungen auszuweichen. Man distanziert sich, gibt sich tolerant oder signalisiert Verständnis, wenn die eigenen Kinder über die Schnur hauen. Für sich selber erklärt man das ganze Gerangel als irrelevant. Es wird schon noch gut kommen, denkt man sich. Der Sturm wird vorbeiziehen. Die Gefahr dieser Haltung ist, dass die Protestgeste des Sohnes oder der Tochter im Leeren verpufft. Wenn die Eltern übermäßige Toleranz signalisieren, fehlen die heilsamen Gegenkräfte, die für die Entwicklung und Selbstfindung auch wichtig sind. Ohne Gegenkräfte bleibt das Streben nach Einfluss sinnlos. Die psychologisch wichtige Erfahrung des Machtgerangels bleibt ihnen verwehrt. Auch wenn sie vielleicht über einen großen Einfluss auf das Leben verfügen, werden sie das Gefühl der eigenen Machtlosigkeit nicht los. Kommen die Eltern den Wünschen und Vorstellungen der Jugendlichen sofort nach, dann sind sie einer archetypischen Aufgabe ausgewichen. Sie sind nicht bereit, sich für etwaige Anliegen zu wehren und damit auch das Risiko einzugehen, Niederlagen, Beleidigungen und Provokationen ertragen zu müssen.

Die Hinwendung zur Außenwelt bleibt nicht nur eine Erkundungstour, sondern will *erlebt* werden. Jugendliche wollen mit der Welt in ihrer Gegensätzlichkeit und Unheimlichkeit konfrontiert werden. Wo sind die Kernkräfte der Gesellschaft, welches sind die Hauptgefahren und Dämonen unseres Daseins? Wenn Jugendliche dem Verbotenen nachgehen, dann auch, weil sie dort die wichtigsten Herausforderungen einer Gemeinschaft vermuten. Das Tabuisierte lockt. Wer die Umwelt erforschen will, muss sich mit diesen Themen auseinandersetzen.

Als Vater oder Mutter muss man sich der Machtfrage stellen. Kinder und vor allem Jugendliche wollen spüren, welche Territorien wir für uns beanspruchen oder gemäß unseren Vorstellungen definieren möchten. Wir sind alle nicht ultratolerant, sondern kennen Themen, für die wir uns einsetzen. Gegenüber unseren Kindern sollen diese Standpunkte deklariert werden. Statt von der Vorstellung des Konsenspapis und der Konsensmami auszugehen, gilt es auch der eigenen Intoleranz gewahr zu werden. Die Kinder merken, dass nicht alles verhandelbar ist, sondern wir bei einzelnen Themen stur sein können.

Unsere Sturheit oder Intoleranz gilt es dort im Familienleben einzubringen, wo es angebracht ist. Die Jugendlichen erfahren, dass wir als Vater oder Mutter auch Toleranzgrenzen haben und absolute Werte vertreten. Die Hoffnung ist, dass Grenzerfahrungen in der Außenwelt an Attraktivität verlieren. Dass man sich darüber aufregt, wenn der WC-Deckel nicht hinuntergeklappt oder das Frotteetuch nicht aufgehängt wird, ist auch wichtig und nicht nur die empörte Reaktion beim Kiffen. Existentielle, gesellschaftliche Herausforderungen wie Alkohol- und Drogenkonsum oder Gewalt sollten aus den Macht- und Abgrenzungskämpfen zwischen den Generationen herausgehalten werden. Der Generationenkampf soll über Themen des Lebensstils und der persönlichen Werte ausgefochten werden.

Grundsätzlich können wir der Machtfrage mit einer gewissen Gelassenheit ins Auge sehen. Auch wenn wir uns immer wieder über die nächste Generation aufregen, letztlich sind diese Emotionen Teil des immer wiederkehrenden Generationenkampfes. Er muss inszeniert werden, damit die nächste Generation den Alten Macht abringen kann. Die Kunst ist, diese Auseinandersetzungen anzunehmen, ohne frustriert oder zynisch zu werden. Wenn Eltern während der Wirren der Jugendzeit das Gefühl haben, eigentlich nichts ausrichten zu können und die Entwicklung ihres Sohnes oder ihrer Tochter nur zu begleiten, dann funktioniert der Machttransfer zwischen Eltern und Kindern.

Die Jugend dramatisiert aktuelle Herausforderungen

»Konsumkids, die nur Fun im Kopf haben«, »Die Verkörperung der Zukunft«, »Das wertvollste Gut unserer Gesellschaft: Von ihr können wir nur lernen!«, »Generation Maybe«, »Heute ist die Jugend völlig apolitisch, nur an sich selber interessiert!«, »Diese Generation hat den neuen Empfindungstyp hervorgebracht: Die Lust am Leben steht im Zentrum«, »Spaßguerilla«, »Erschreckend, mit welcher Brutalität die Jugendlichen heute aufeinander losgehen: Da wird weiter dreingeschlagen, obwohl der Gegner am Boden liegt«, »Keimzelle … neuen Menschentums«[18] , »Zombies«, »Kinder und Jugendliche können noch spontan und ehrlich sein, im Gegensatz zu den Erwachsenen, die nur Geld und Karriere im Sinn haben!«

Einige Aussagen zur Jugend, wie wir sie in Artikeln, Büchern oder den Medien lesen oder hören. Über den Charakter und das Verhalten der Jugend wird geforscht, spekuliert, philosophiert oder behauptet. Die Jugend wird als separate soziale Einheit wahrgenommen, die sich von den Erwachsenen abgrenzt, durch ein eigenes Profil und eigene Werte imponiert. Die Jugend ist schon seit dem Altertum nicht nur ein Lebensabschnitt, sondern eine Metapher, die gerne im öffentlichen und privaten Diskurs zitiert wird. »Für die Jugend!« ist ein griffiges Argument, um neue politische Programme durchzusetzen, sei es die Zukunft von Europa, der Sozialstaat, Frieden oder die Wirtschaft. Doch wie die Jugend wirklich ist, darüber wird man sich nicht schnell einig. Über die Hintergründe des Verhaltens der Jugend wird gerätselt und geforscht. Bruce Perry vom Baylor College für Medizin behauptet zum Beispiel, dass die Aggressivität der Jugend durch Stressoren entsteht, die Kinder während der ersten Lebensjahre erfuhren. Oft schockiert das Benehmen Jugendlicher. Der fünfzehnjährige Junge, der seine Mutter verächtlich als »dumme Kuh« betitelt und ihr vorwirft, sie hätte ihn nicht erzogen, als sie ihn wegen seiner aggressiven Ausfälle seinem jüngeren Bruder gegenüber zur Rede stellen will. Moralischer Zerfall, Verwahrlosung oder Hedonismus wird vermutet oder das Gegenteil: Systemtreue, Konsumgeilheit und Karrieresucht. Die »Generation angepasst« betitelt der Spiegel[19] die Jugend der Jahrtausendwende. Sie sollen sich durch einen aufgeklärten Realismus, die Tugend der Orientierungslosigkeit und egoistisches Verhalten auszeichnen. Sie protestieren nur für den eigenen Konsum und richten sich nach traditionellen Werten.

Das Verhältnis der Erwachsenen zur nächsten Generation ist jedoch zwiespältig. Neben den negativen Attributionen fallen auch die *Überhöhungen* auf. »Große, ja unerhörte Erwartungen unseres Volkes liegen verborgen in der neuen Jugendbewegung«[20], »Ihr seid zu Größerem aufgespart, und in diesem großen Siege werden euch auch die kleinen Siege mit zufallen. Ihr sollt euren Bogen weit spannen …!«[21] Die Kinder und Jugendlichen werden mit wunderbaren Erwartungen in Zusammenhang gebracht. Sie werden zu Heilsbringern, den Erneuerern der Gesellschaft und dem Inbegriff des Lebens, der Spontaneität und Echtheit deklariert. Sie werden nicht verteufelt, sondern mit wunderbaren Vorstellungen und Werten in Zusammenhang gebracht. Großartige Zukunftsentwürfe und düstere Katastrophenszenarien werden an der

Jugend abgehandelt. Die nachfolgende Generation ist für die Erwachsenen eine Alterskategorie, die mit *Emotionen* und *Fantasien* besetzt wird. Dank der Jugend können wir neue gesellschaftliche Tendenzen registrieren. Jugendliche sind nicht nur Menschen, die heranwachsen und ihren Platz in der Gesellschaft fordern, sondern sie erfüllen auch eine bestimmte psychologische Funktion in der Gesellschaft. Die Qualitäten, die diese Altersphase kommuniziert, regen uns an, Fantasien über unsere Kultur zu entwickeln. Wir brauchen die Jugend, um unsere Träume, Ängste, Erwartungen und Hoffnungen wahrzunehmen. Jugend ist ein Thema des öffentlichen Diskurses. Wir haben der Jugend einen Übergangsstatus verordnet, damit sie fähig ist zum Widerspruch und neue sozio-kulturelle Werte entwickeln kann. Die Jugendlichen werden mit der Hoffnung assoziiert, dass alles anders sein könnte. Gleichzeitig mahnt sie uns daran, dass Erwachsene bald einmal abtreten müssen und der Jugend weichen werden. Sie vertritt den Glauben an die Erneuerungskräfte unserer Kultur und ist gleichzeitig ein konstanter Ärger. Niemand kann die Tatsache abstreiten, dass jüngere Menschen mit großer Wahrscheinlichkeit mehr Jahre hier auf Erden verbringen werden als die etablierten »Knacker«. Sie erinnern die Erwachsenen daran, dass ihre Zeit abläuft. Wenn wir uns mit der Jugend befassen, geht es also nicht nur darum herauszufinden, wer die Jugend ist, sondern auch, was sie für uns darstellt. Um diese kulturellen Konnotationen zu verstehen, müssen wir uns zuerst der seelischen Bedeutung des Kindes zuwenden.

Unsere Kinder konfrontieren uns mit uns selbst

Die ganze Gesellschaft gerät in entzücktes Lachen. »Ist sie nicht süß!«, meint die Mutter und blickt ihre vierjährige Tochter verklärt an. Das blonde Mädchen ist auf einen älteren Jungen zugeschritten, hat seine Hand ergriffen und ihm mit feiner Stimme ins Ohr geflüstert, zwei andere Kinder, die in der Hotelhalle friedlich spielen, zu verjagen. »Sie stören mich!«, beklagt sich das Mädchen, »und ich möchte, dass du sie zusammenschlägst!« Zur Unterstreichung ihres Wunsches übergibt sie dem Jungen eine kleine, metallene Elefantenfigur: »Mit dem kannst du ihnen auf den Kopf schlagen!« Die Mutter beobachtet die Szene und äußert: »Unglaublich, wie die Kleine den Jungen herumdirigiert, sie wird später eine Powerfrau!« Dass sie soeben Zeugin einer Anstiftung zu einer Gewalttat wurde, ist ihr entgangen. Solche Reaktionen auf banale oder oft auch problematische Verhaltensweisen von Kindern sind bekannt. Die Aussagen und das Verhalten von kleinen Kindern sehen wir oft aus einer anderen Optik. Je kleiner ein Kind, desto mehr verzerrt sich unsere Wahrnehmung. Wir bewerten ihre Taten und Aussagen nach besonderen Kriterien. Vielfach erleidet unser normales Beurteilungsvermögen Schiffbruch, und Verhaltensweisen, die bei Erwachsenen Empörung oder Kopfschütteln auslösen, werden toleriert oder sogar als Ausdruck spontaner, kindlicher Kreativität und Lebensfreude gesehen. »Unglaublich, wie er bereits laut rülpsen kann«, erwähnt der Vater stolz oder: »Schau, wie sie bereits flucht!« Bei kleinen Kindern neigen wir dazu, superoriginelle Leistungen zu vermuten, wo es sich um ganz banale menschliche Äußerungen oder Verhaltensweisen handelt.

Dieser Zusammenbruch des Beurteilungsvermögens hängt mit der *tieferen, emotionalen Bedeutung* von Kindern zusammen. Kinder sind für uns nicht nur kleine Menschen, die man pflegen, schützen, bilden und erziehen muss, sondern sie berühren in uns einen *Komplex.* Ihren Bewegungen, Äußerungen und Taten werden spezielle Bedeutungen zugeschrieben. Persönliche Gefühle, die eigene Vergangenheit, Hoffnungen, Erwartungen, Träume und Fantasien klingen an, ohne dass wir uns dessen bewusst sind. Weil uns Kinder nicht gleichgültig sind, reagieren wir emotional und parteiisch. Sie sind nicht nur kleine Wesen aus Fleisch und Blut, sondern auch *innerseelische Wesen,* die viele Botschaften und Bedeutungen tragen. Diese Zuschreibungen haben oft nichts mit den tatsächlichen Kindern zu tun, sondern sind *Ausdruck unserer Seele.* Wir nehmen sie nicht nur real wahr, sondern setzen das individuelle Kind mit etwas *in uns* selber gleich. Sie repräsentieren ein *inneres Bild,* über das wir verdrängte oder halbbewusste Einstellungen oder Persönlichkeitseigenschaften wahrnehmen.

Vom Schwärmen bis zum Ärger über Kinder

»Das Kind hat genau gespürt, was in mir vorging. Es hat meine Gedanken gelesen, als es mich fragte, ob ich mein Auto im See versenken wolle! Genau im selben Moment habe ich nämlich gedacht, wie ich meinen alten Wagen loswerden könnte. So etwas gibt es nur bei Kindern. Diese haben einen siebten Sinn. Sie sind mehr als wir mit dem Leben verbunden!«, schwärmt die junge Pädagogikstudentin. Ihre Worte zeugen nicht einfach von einer naiven Wahrnehmung kindlicher Fähigkeiten, sondern weisen auf die Bedeutung hin, die das betreffende Kind für sie hat. Das Kind weckt in ihr eine eigene Persönlichkeitsdimension. In ihrem Synchronizitätserlebnis[22] manifestieren sich seelische Potenzen, die sie bei Erwachsenen und sich selber nicht kennt. Die Erfahrung mit dem Kind vermittelt eine Botschaft über sie selbst. Vielleicht kann sie sich darum mit Inbrunst ihnen widmen, weil sie nicht nur kleine Wesen sind, sondern eine verdrängte oder verborgene Persönlichkeitseigenschaft darstellen. Im Kontakt zu Kindern wird sie mit ihrer Intuition konfrontiert. Diese Fähigkeit hat in ihrer rationalen Welt sonst keinen Platz. Auch wenn sie später vielleicht enttäuscht sein wird und merkt, dass nicht alle Kinder intuitiv veranlagt sind, sondern auch unsensibel, grob, verletzend oder egoistisch sein können, ihre Faszination ist echt. Da sie ihre Intuition auf Kinder projiziert, hat sie das Gefühl, etwas Sinnvolles und für die Gesellschaft Relevantes zu tun.

Eine solche Faszination für Kinder kann nicht nur durch eine individuelle Präferenz erklärt werden. Sie wurzelt in der Bedeutung des Kindes in unserer Kultur. Es repräsentiert ein Bild, das mit sensiblen Themen unserer Seele verbindet. Eigentlich spricht die junge Frau nicht nur von einer Erfahrung, sondern sie erfährt auch etwas über das Kind in sich selbst. Es rührt ein Thema an, das ihr nicht bewusst ist. Die Spontaneität und die Lebenseinstellung, die sie dem Kind zuschreibt, betrifft sie selber. Ihre Seele wählt das Kind als Brücke zu einer seelisch-emotionalen Qualität, zu der sie nicht immer Zugang hat.

Seele ist ein Wort, das in der wissenschaftlichen Psychologie ängstlich gemieden wird. Die offizielle akademische Diktion spricht lieber von einem Konstrukt. Seele ist eine Hypothese, der sich die Geisteswissenschaft bedient, um ein unerklärliches, diffuses Phänomen zu erfassen, das sich der rationalen, empirischen Überprüfung entzieht. Von seelischen Kräften zu reden ist gemäß dieser Sichtweise müßig, sondern wissenschaftlich sinnvoller ist, wenn wir uns auf die mess- und zählbaren Prozesse konzentrieren, auf die wir emotionale oder Denkprozesse zurückführen können. Seele ist jedoch eine weder fass- noch messbare Seinsempfindung. Was früher mit dem diffusen Begriff Seele erklärt wurde, wird heute als Resultat chemisch-biologischer Prozesse verstanden. Gemäß diesem naturwissenschaftlich geprägten Leitbild sind Gefühle, Fantasien und Empfindungen Folgeerscheinungen von Prozessen im Gehirn oder von Einwirkungen der Außenwelt. Unsere Befindlichkeiten lassen sich auf genau zu beobachtende Prozesse in unseren Gehirnwindungen zurückführen. Diese Psychologie gibt sich die Aufgabe, die Abläufe im Gehirn zu studieren, zu messen und nach Zusammenhängen mit dem Verhalten und Erleben zu suchen.

So wertvoll diese Erkenntnisse sein mögen, sie erfassen das *Erleben* des Menschen nur sehr begrenzt. Wir nehmen uns nicht als Produkt von hirnphysiologischen Prozessen wahr, sondern leben in unseren Wahrnehmungen und Empfindungen. Wir haben nicht nur einen Körper, bei dem man Veränderungen feststellen kann, sondern *sind* auch diese Prozesse. Wir werden durch uns selber mit dem Phänomen Mensch konfrontiert. Wir haben keine andere Wahl, als dem Leben nachzugehen, wie es sich in und um uns präsentiert. Das Großartige ist, dass wir uns nicht nur objektiv, nüchtern betrachten und analysieren, sondern von innen heraus beobachten können. Wir sind Lebewesen, die zur *Innenschau* fähig sind. Vorgänge, die uns berühren, emotionalisieren, ärgern, erregen oder irritieren, erkennen wir nicht nur an äußeren Verhaltensdetails, sondern durch das, was in uns selber vorgeht. Wir können die Phänomene, die wir in uns selber, in der Umwelt und in Begegnungen mit anderen Menschen erleben, aus uns selber heraus zu verstehen versuchen. Wir sind mit den seelischen Prozessen identifiziert, die wir versuchen zu entschlüsseln. Physiologische Korrelate können darum unser Erleben, unsere Gefühle und Fantasien immer nur beschränkt erfassen. Wenn wir versuchen, aufgrund von Konzepten, Abstraktionen, Zahlen und Bildern das menschliche Verhalten und Erleben zu erklären, dann haben wir uns bereits von uns selber distanziert. Wenn ich verliebt bin, dann stehen für mich nicht das Erröten, die Nervosität oder das Herzklopfen im Vordergrund, sondern die Ausstrahlung des geliebten Menschen und die Gefühle, die von innen andrängen. In der Begegnung mit einem Menschen erlebe ich mich selber völlig anders, obwohl äußerlich vielleicht nicht viel erkennbar ist. Bilder und Fantasien steigen auf, die sich einer wissenschaftlichen Analyse entziehen. Das Gefühl der Verliebtheit durch äußerliche Verhaltenssequenzen oder über chemisch-biologische Prozesse zu erfassen, greift zu kurz. Vielleicht verfügen wir dann über interessante Resultate, wir entfernen uns jedoch dadurch meilenweit vom effektiven Erleben und seinen Zusammenhängen. Wenn wir Emotionen und Gedanken im Gehirn lokalisieren oder mit Prozessen an den Synapsen identifizieren, dann wird seelisches Leben nur partiell erfasst. Die materiellen Korrelate zu Liebesgefühlen, Wahrnehmungen oder Aggressionen können nicht gleichgesetzt werden mit der Wirklichkeit der Seele, in der wir selber leben. Die Erkenntnisse der wissenschaftlichen Psychologie bleiben darum für die überwiegende Mehrzahl der Menschen akademische Gedankenübungen, ohne Relevanz für das persönliche Leben. Bei der jungen Pädagogikstudentin löste die Aussage des Kindes etwas aus. Sie erlebte eine Koinzidenz, die es gemäß einer materialistischen Sichtweise des Menschen gar nicht gibt. Der Junge wird doch nicht ihre Gedanken lesen können! Die Psychologie hat jedoch die Aufgabe, den Menschen dort abzuholen, wo er ist, und ihm sein Eigenerleben verständlicher zu machen. Sie darf nicht zu einem intellektuellen Dogmenspiel werden, mit dem bestimmte Standesprivilegien verteidigt werden.[23] Kinder haben eine seelische Bedeutung für uns, die wir nicht leicht erklären können.

Da unser Bewusstsein nur einen Teil dessen, was in uns abläuft, erkennt, ist uns ein großer Teil unserer Gefühle, Gedanken, Triebe und Empfindungen nicht bewusst. Viele Emotionen und Empfindungen entziehen sich der rationalen Erfassung, obwohl sie uns von innen heraus beeinflussen. Eine Missstimmung befällt uns, von der wir nicht wissen, woher sie kommt, oder wir haben einen Einfall, der uns peinlich ist. Da wir Menschen immer in uns selber gefangen bleiben, nehmen wir Gefühle, Erregungen oder Berührungen über Bilder und Gestalten wahr, die wir aus der Fülle unserer Sinneswahrnehmungen herausselektionieren oder mit denen wir in der Traumwelt konfrontiert werden. Was in uns abläuft, deckt sich nicht mit den Wahrnehmungsinhalten unseres Bewusstseins. Die meisten der von außen vermittelten Bilder und Empfindungen lassen uns kühl. Wir sehen ein Auto vorbeifahren oder hören einen Brunnen plätschern und denken uns nichts dabei. Löst ein sonst unbedeutendes Bild Gefühle und Fantasien aus, so deutet dies auf ein *Symbol.* Was wir wahrnehmen, bekommt eine besondere Qualität. Welches Bild etwas auslöst, ist von Person zu Person verschieden. Die Betrachtung einer historischen Straßenlaterne lässt eine Person kühl, bei einem anderen Menschen steigen Bilder auf und drängen sich Gefühle an, er wird vielleicht an ein Erlebnis der Kindheit erinnert. Die Laterne verbindet mit einer *innerseelischen Wirklichkeit,* in die man nie von außen eindringen kann. Sie wird zu einem *Symbol.* Ein sonst toter Gegenstand wird belebt.

Die Botschaft der Symbole

Symbole sind die genuinste Sprache des Unbewussten, weil die Seele sich nie umfassend über Worte oder Zahlen ausdrücken kann. Wenn ich zum Beispiel sage: »Ich bin heute glücklich!«, dann missachte ich andere Qualitäten in mir. Vielleicht habe ich auch Trauer- oder Wutgefühle, die während der Aussage zurückstehen müssen. Wir können darum nie alles in uns und um uns identifizieren. Bewusste Aussagen zu seelischen Inhalten sind darum immer nur klägliche Versuche, die unerschöpfliche Kraft und unheimliche Dämonie des Unbewussten in eine Kategorie hineinzuzwängen. Das Bewusstsein mag überzeugt behaupten: »Ich bin ein toleranter Mensch.« Die Aussage beweist jedoch nicht, dass sich der Betreffende wirklich tolerant verhält und Andersartigkeiten akzeptieren kann.

Symbole sind umfassender. Sie enthalten auch Aussagen zu jenen Teilen unserer Persönlichkeit, die wir nicht genau erfassen oder ausformulieren, die uns jedoch umtreiben, beeinflussen, intrigieren oder emotionalisieren. Symbole sind die eigentliche Sprache der Seele, da sie zwischen dem *Unbewussten* und dem *Bewusstsein* vermitteln. Da es sich bei Symbolen um mehrdeutige und vielschichtige Bilder handelt, spricht die Seele zu uns. Dem Bewusstsein bleibt die Aufgabe, die Inhalte und Signale zu interpretieren, die sich ausdrücken. Über das Symbol transzendieren jene Gefühle und Gedanken ins Bewusstsein, die sich der kognitiven Erfassung entziehen. Sie werden zu Trägern von Botschaften des Unterbewussten und dienen als Brücke zu Inhalten in der Tiefe des Unbewussten. Bei Symbolen dürfen wir jedoch nicht nur an Mandalas, Kreise, Kreuze und allenfalls Schlangen denken, sondern *jedes Objekt* kann auch Symbolkraft enthalten. Die

Welt bietet uns ein immenses Arsenal an Bildern und Gestalten, die zu einem persönlichen oder kollektiven Symbol mutieren können. Wie wir von Träumen wissen, kann auch das banalste Objekt etwas in uns berühren und uns mit einer innerseelischen Thematik verbinden. Welches Symbol was ausdrückt, können wir nicht bewusst entscheiden. Sie können auch nicht konstruiert werden, sondern die Seele erschafft und wählt sich ihre Symbole selber. Eine Gestalt oder ein Objekt erhält Bedeutung, dynamisiert uns, ohne dass wir es realisieren oder wollen. In Großbritannien erregte die Entfernung der alten, roten Telefonkabinen großen Unmut. Viele Personen fühlten sich verunsichert. Die heftigen Reaktionen waren nur wegen der symbolischen Aussage der Kabinen verständlich. Sie waren nicht nur Häuschen, die private Gespräche ermöglichten und Schutz vor Wind und Regen garantierten, sondern auch ein Symbol der nationalen Identität. Die Briten fühlten sich in ihren Heimatgefühlen verletzt, als man den roten Kabinen etwas antat. Welche Botschaft von einem Symbol in unser Bewusstsein transzendiert, ist unterschiedlich. Das *Fahrrad* steht bei einer Person für Selbstständigkeit und Unabhängigkeit. Es drückt den Willen aus, einen eigenen Weg zu wählen und ihn sich nicht bestimmen zu lassen. Ein Jugendlicher drückt vielleicht über das Rollbrett die Zugehörigkeit zu einer bestimmten Gruppe Gleichaltriger aus. Für ihn ist das Rollbrett nicht nur ein Zeichen der Autonomie, sondern dafür, dass er auch zur Gruppe der Skater gehören will. Ein aus psychologischer Sicht bedeutungsvolles Symbol ist das *Auto.* Seine überragende Popularität erklärt sich nicht nur aus der Praktikabilität dieses technischen Objektes, sondern auch aus der Symbolkraft. Autos symbolisieren die Fähigkeit, den Weg selber zu bestimmen, gleichzeitig drücken sie Macht aus. Sie sind auch ein Ausdruck der sozialen

Position eines Menschen. Wie er sich in der Gesellschaft situiert, wird am jeweiligen Wagen abgelesen. Der typische Mercedesbesitzer wird einer anderen sozialen Kategorie zugeordnet als der Besitzer eines Volkswagens oder Japaners. Interessanterweise sind Autos jedoch auch ein Regressionssymbol. Durch die Karosserie wird die Außenwelt von mir ferngehalten. Wenn ich in ein Auto steige, dann fühle ich mich in ihm aufgehoben. Ich falle in die Sitze und muss mich nicht groß anstrengen, um voranzukommen. Im passiven, ruhenden Zustand kann ich aktiv sein. Das Auto symbolisiert Fortschritt und Mut, gleichzeitig jedoch eine Möglichkeit, sich von der Außenwelt zu distanzieren. Diese spezielle Doppelbedeutung, regressives Zurücklehnen und energisches Die-Welt-Erobern, ist ein Grund für die andauernde Popularität des Autos.

Das göttliche Kind

Die junge Mutter war entzückt, als ihre Tochter den Jungen ansprach und zu einer Untat anstachelte, die Pädagogikstudentin erstaunt über die intuitive Begabung des Jungen. Beide Male ging es nicht nur um das jeweilige Kind, sondern die Begegnung mit dem Kind löste tiefere Energien aus. Das Kind wurde mit einem inneren Bild, einem Symbol identifiziert. Es ging nicht nur um die realen Kinder, sondern diese verwiesen durch ihre Haltung, ihre Provokationen oder Äußerungen auf eine seelische Dimension der Erwachsenen. Eine Dynamik wurde ausgelöst, die der Begegnung eine andere, tiefere Qualität verlieh. Sowohl die Mutter wie auch die Studentin wurden mit einem eigenen Seelenteil konfrontiert. Ein Prozess wurde ausgelöst, der nicht steuerbar und rational erklärbar ist. Innere Emotionen brandeten ihnen entgegen. Über das Bild des Kindes transzendierte Energie ins Bewusstsein.

Geistesgeschichtlich lässt sich diese Bedeutung des Kindes auf den christlichen Mythos zurückführen. Unsere abendländische Kultur wurde durch ein Kind gerettet. In Jesus tritt uns die Geschichte eines göttlichen Kindes entgegen. Dieses Kind ist mit außergewöhnlichen Fähigkeiten versehen und leitet eine neue Ära ein. Es ist ein Kind, das uns rettet und sich schon als kleines Kind durch eine außergewöhnliche Geburt auszeichnet. Das göttliche Kind findet sich auch in anderen Religionen wieder: Sowohl Buddha und Krishna wie auch Dionysos und Hermes waren außergewöhnliche Kinder.

Der Mythos des göttlichen Kindes hat unsere Einstellung den realen Kindern gegenüber beeinflusst. Die christlichen Heilserwartungen haben sich auf die realen Kinder verlagert. Unbewusst sehen wir in Kindern Heilsbringer und Erlöser. Sie befreien uns von der korrupten Gesellschaft und führen uns zu uns selber. Die Hoffnung auf seelische Wandlung wird auf Kinder projiziert. Sie stellen unsere wandel- und entwicklungsbereiten Eigenschaften dar. Im Rahmen einer solchen Symbolbedeutung fassen wir sie als Unschuldswesen auf, die das Reine, vielleicht sogar das Göttliche in die Welt bringen.

Die Jugend ist immer ganz anders

»Die Jugend ist ganz anders: Sie ist nicht so materialistisch und konsumsüchtig wie wir!«, konstatiert Konrad Lorenz in einem Interview mit dem österreichischen Fernsehen. Wenn Jugendliche zu Symbolen werden, dann repräsentieren sie einen Teil der inneren Seelenlandschaft. Enthusiastische Äußerungen wie auch Verurteilungen verweisen auf eigene unausgelebte oder verdrängte Seiten. Wird der Jugend größere Spontaneität, Konsumgeilheit, Echtheit, Materialismus oder ein neues Lebensgefühl zugeschrieben, dann komplementieren diese Aussagen unseren eigenen seelischen Zustand. Vielleicht projizieren wir eigene Inhalte auf sie oder geben ihnen Aufträge. In einer Kultur, in der Kinder rar sind und die auf Erwachsene ausgerichtet ist, ist die Jugend ein Mediator zu eigenen Gefühlen, Philosophien und Lebenshaltungen. Jugend wird zu einer Metapher des öffentlichen Diskurses. Wenn also von Konsumkids, der Spaßguerilla, der amoralischen Jugend die Rede ist, dann wird an der Jugend eine öffentliche Debatte abgehandelt, die mehr den Zeitgeist als die Befindlichkeit der Jugend erfasst.

Was bedeutet Jugend für mich? Diese Frage muss sich jeder Vater und jede Mutter stellen, wenn er oder sie sich mit pubertierenden Jugendlichen auseinandersetzt. Haben Eltern Jugendliche in dieser Altersphase, dann werden sie unweigerlich mit eigenen seelischen Anteilen konfrontiert. Die Projektionen der Kindheit werden von den Söhnen und Töchtern abgelehnt. Sie sind in unserer Wahrnehmung nicht mehr wie früher. Wir setzen unsere Kinder jedoch immer noch mit inneren Anteilen gleich. Ein Teil der eigenen Kindheit, der Jugend oder die Beziehung zu den eigenen Eltern dringt durch. Eine Mutter ärgerte sich immer wieder über die Unpünktlichkeit ihres Sohnes. Er versicherte ihr zwar immer wieder, er komme vor Mitternacht nach Hause, jedes Mal wurde es jedoch später. Sie drehte sich im Bett hin und her und verstand nicht, wieso er ihr so etwas antun konnte. Das Zuspätkommen ihres Sohnes empfand sie als einen persönlichen Angriff. Eine tiefere Analyse hätte zutage gebracht, dass sie ihre eigene, brävere Jugend an ihrem Sohn abhandelte. Als braver Vater-Tochter waren ihr Rebellionen und Unfolgsamkeiten fremd. Sie entwickelte sich in Anlehnung an die Eltern und fürchtete sich vor der Außenwelt. Die Provokationen und Unpünktlichkeiten ihres Sohnes passten nicht in das Bild der Jugend, das sie in sich trug. Er symbolisierte Ängste, die sie schon damals hatte. Solange er ein Kind war, erkannte sie diese Projektion auf ihren Sohn nicht. Die Wirren der Pubertät zwangen sie, sich von diesen Projektionen abzulösen und sich mit seinem eigentlichen Charakter auseinanderzusetzen. Wenn wir uns darum mit Kindern und Jugendlichen auseinandersetzen, dann müssen wir in uns hineinsehen, um die symbolischen Aussagen, die Kinder auch für uns machen, zu erkennen. Nur wenn wir einigermaßen zwischen der persönlichen Bedeutung eines Sohnes oder einer Tochter und seinem oder ihrem wirklichen Charakter zu unterscheiden lernen, geben wir der Jugend den Freiraum, den sie für ihre Selbstverwirklichung braucht.

Szenarien und Symbole für den Einstieg in die Gesellschaft

Als dreizehnjähriger Junge ließ ich mir aus Begeisterung für die Beatles, Kinks und Rolling Stones die Haare wachsen und kämmte sie über die Stirn. Nach heutigen Kriterien eine harmlose Frisur. An einem Samstagnachmittag wollte ich an einem Kiosk im Zentrum von Zürich die »Bravo« kaufen. Verschiedene Lehrpersonen rieten dringend von der Lektüre dieser umstrittenen Jugendzeitschrift ab. Als die Kioskverkäuferin mich sah, reagierte sie mit Entsetzen: »So einen Langhaardackel bediene ich sicher nicht!« Ein älterer Herr pflichtete ihr sofort heftig bei und ich wurde, ohne »Bravo«, mit Schimpf und Schande verjagt.

Heute sind solch dezidierte Reaktionen gegenüber Jugendlichen selten. Erstaunlich an diesem harmlosen Ereignis ist die Wirkung, die eine kleine Veränderung der Haartracht erzielte. Die Zusatzsträhnen auf der Stirn weckten Emotionen, die heute, dreißig Jahre später, kaum nachvollziehbar sind. Die Reaktion auf die Haare deutet auf eine fast magische Wirkung. Die Haare evozierten ein Bild, über das sich eine Botschaft vermittelte.

Generationenprofile als Abgrenzungsakte

Der kleine Vorfall vor dem Kiosk ist typisch für die Jugendphase. Die jüngere Generation will sich durch äußere Zeichen, sei es das Verhalten, Hobbies, der Musikstil, die Kleidung oder eine alternative Weltanschauung, von den Alten abgrenzen. Junge Menschen wollen sich nicht ausschließlich nach den Vorstellungen und Werten der Eltern ausrichten, sondern sie sehnen sich nach einer eigenen Geschichte und wollen von der Gesellschaft registriert werden. Die jeweils nächste Generation will nicht nur erzogen, gebildet und nach gesellschaftlichen Normen geformt werden, sondern sie verlangt nach einem eigenen Auftritt. Sie hat das Bedürfnis, sich abzugrenzen und ein alternatives Selbstbild zu entwerfen. Sie inszeniert ein soziales Geburtsszenario, um das Bedürfnis nach sozialer Distinktion zu stillen. Durch dieses Szenario entsteht die jeweils nächste Generation als soziale Kategorie. Die Jugend gibt sich ein eigenständiges Profil. In den juvenilen Szenarien des Einstiegs in die Gesellschaft müssen auch die Alten eine Rolle übernehmen. Sie spielen die ärgerlichen Kontrahenten der Jugend, die verständnislosen »Gruftis« oder intoleranten Gestrigen. Die jüngere Generation kann das Gefühl der Eigenständigkeit nur entwickeln, wenn die Alten ihren Part spielen. Wegen der ungefestigten Persönlichkeitsstruktur sind Jugendliche darauf angewiesen, dass ihre Bezugspersonen bei den ersten Profilierungsversuchen reagieren. Um ihre Identität zu entwickeln, brauchen sie den aufgebrachten, erstaunten oder bewundernden Erwachsenen. Selbstfindung ist nur möglich, wenn Abgrenzung zur alten Garde erlebt wird. Die Jugend zelebriert Autonomie, da sie ihre emotionale und materielle Abhängigkeit zu den Erwachsenen relativieren möchte. Vor allem junge Männer wollen durch Taten und Worte bei Erwachsenen Verständnislosigkeit hervorrufen, damit sie ein Profil entwickeln können. Die harsche Gegenreaktion der Alten ist der erste Baustein der eigenen Identität.

Dieses Verhaltensbild zeigt sich deutlich in der Mittelstufe. Während sich in der Grundschule die Kinder oft noch ganz mit der Lehrperson identifizieren, von ihr schwärmen, verändert sich die Einstellung deutlich in der Sekundarschule und in den Mittelschulen. Obwohl manche Lehrperson geachtet oder sogar bewundert wird, wird über sie geklagt und geschimpft. »Lehrer sind eh doof«, ist das Credo vieler Mittelschüler. Die Jugendlichen nehmen aus diesem Grund ihre Lehrer als Figuren von vorgestern wahr. Persönlich bringen sie ihnen zwar Wertschätzung entgegen und haben vielleicht sogar einen guten Kontakt zu ihnen. Die Loyalität ihrer Generation gegenüber zwingt sie jedoch, in ihnen auch den »Ötzi« zu sehen. Damit sie sich als eigene Generation spüren, müssen sie das Gefühl haben, der oder die da vorne haben keine Ahnung. Nicht nur Kontakt, sondern auch Distanz wird gesucht und oft dramatisch inszeniert. Wegen dieses archetypischen Distanzierungsbedürfnisses reagieren viele Jugendliche allergisch auf Annäherungsversuche der Lehrpersonen. »Immer bleibt der noch über die Pause hinaus im Zimmer«, beschwerte sich eine Mittelschülerin über einen Lehrer, der nach dem Ende der Stunde nicht sogleich hinausging. Er selber hatte das Gefühl, dass sie seine Präsenz schätze und das Gespräch mit ihm suchen wolle.

Provokationen als Weg zur Selbstständigkeit

Der Jugendliche braucht eine Bühne, um zu einer gesellschaftlichen Identität zu finden. Die Gruppe Gleichaltriger soll zu einem Profil verhelfen, damit man sich mit den Erwachsenen messen kann und einen Beweis der eigenen Autonomie hat. Soziale Netzwerke wie Facebook, Netlog,

Myspace oder Twitter werden heute als Bühne benutzt, um Selbstständigkeit zu proben. Die große Mehrheit der Jugendlichen chattet täglich, versendet Nachrichten oder stellt ein freches Selfie ins Internet. Im virtuellen Raum können sie Freunde finden, Informationen austauschen und sich Interessen widmen, die man nicht mit den Erwachsenen teilt. Das Internet wird als Experimentierraum für das eigene, persönliche Profil benutzt, Erwachsene haben dort nichts zu suchen. Meist stellen sich Jugendliche dort auf eine andere Weise dar, als sie sich sonst im Alltag präsentieren. Das brave Schulmädchen outet sich bei Facebook als heißblütige Clubbesucherin oder der stille Einzelgänger präsentiert sich als Street-Fighter. Selfies werden während des Ausgangs, beim Treffen mit Kollegen in Clubs oder im privaten Raum geschossen. Im Internet stellen die Jugendlichen nicht ihr reales Leben vor, sondern sie drücken Fantasien aus. Sie inszenieren sich im virtuellen Kosmos, um herauszufinden, wer sie sind und wie es sich anspürt, dieses oder jenes Profil zu haben. Es handelt sich um ein Spiel mit Identitäten. Soziale Netzwerke kompensieren mangelnde Freiräume. Jugendliche bewegen sich in einer Welt, in der die Eltern nichts zu suchen haben. Über die sozialen Medien stimmen sich die Jugendlichen in die Trends und Moden der eigenen Subkultur ein. Sie leiten sich Ideen ab, wie man sich gegenüber Erwachsen als andersartig präsentieren kann. Eine Möglichkeit sind ungewöhnliche Frisuren. Man kämmt sich oder schneidet die Haare so, dass die Erwachsenen den Kopf schütteln. Die Haartracht hat das »Schocken« oder die erstaunte Reaktion der Erwachsenen zum Ziel. Oft tasten sich die Jugendlichen knapp an die absolute Toleranzgrenze der Erwachsenenwelt heran oder wagen sich sogar noch ein bisschen darüber hinaus. Der Kopf wird glattrasiert oder die Haare rot-grün gefärbt. Die Bandbreite der Haartrachten, die zu provozieren vermögen, verändert sich mit dem Zeitgeist. Genügten früher leicht nach vorne gekämmte Haare, so muss man heute extremere Reize einsetzen. Wegen einer betont liberalen Haltung bringen viele Erwachsene nicht die Kraft zur Intoleranz auf. Man will sich nicht mehr wegen der Jugend empören, sondern markiert Verständnis oder Gleichgültigkeit. Bei sorgfältig gezöpfelten Haarsträhnen sprechen wir vom notwendigen jugendlichen Ausdrucksdrang, und lange Haare kennt man natürlich von den eigenen wilden Zeiten. Wenn jedoch eine hübsche junge Frau einen Ring in der Nase trägt oder ein junger Mann seine Haare gelb färbt und mit Irokesen-Schnitt daher spaziert, dann schütteln wir den Kopf. Plötzlich regen wir uns auf. Wir empfinden es als hässlich. Wenn wir aber als Erwachsene nicht reagieren, dann müssen vielfach noch extremere Mittel eingesetzt werden, um die Alten wachzurütteln. Die Zunge wird gepierct oder man tätowiert sich den Arm mit einem sexistischen oder rassistischen Spruch.

Provozieren kann man auch durch die Kleidung. Obwohl heute fast jeder Jugendliche das Gefühl hat, dass er sich nach seinen individuellen Bedürfnissen und Vorlieben anzieht, lässt er sich in Wirklichkeit vom sozialen Kontext, von den aktuellen Trends und den von seiner Generation entwickelten Signalsystemen leiten. Was er oder sie trägt, muss dem Jugendcode und der entsprechenden Botschaft an die Gesellschaft entsprechen. Jugendliche weigern sich oft, die Kleidungsvorstellungen der Erwachsenen zu übernehmen. Nur unter Zwang passen sie sich den Wünschen der Erwachsenen an. Die Kleidung ist eine Möglichkeit, eigene Selbstständigkeit zu signalisieren und Distanz zu den Erwachsenen zu markieren. Dies scheint auch in der Vergangenheit der Fall gewesen zu sein. Vor 400 Jahren empörte sich die Erwachsenenwelt über die provokanten Schnabelschuhe der frechen Jungen. Oft genügen kleine Details. In englischen Public schools genügte ein lässig zur Seite geschobener Krawattenknopf, um bei Oberlehrern Kopfschütteln und Mahnungen auszulösen. In den Fünfzigerjahren fielen den Jeans und dem Kaugummi die Aufgabe der Generationenmarkierung zu. Die Blumenkinder der Sechzigerjahre wählten schließlich farbige, poppige Hemden, weite Röcke und enge Twist-Hosen, um ihrem Generationsgefühl Ausdruck zu verleihen. Jedes Mal versuchte die Jugend im Rahmen des Zeitcodes ihre Distanz zu den Erwachsenen auszudrücken. Interessanterweise war sie dabei überzeugt, so weit wie nur möglich gegangen zu sein. Frecher konnte man sich den Alten gegenüber gar nicht präsentieren. Lange Zeit beanspruchte die 68er-Generation in einer seltenen Arroganz für sich das Gefühl, so weit wie niemand zuvor gegangen zu sein. Die Geschichte zeigt jedoch, dass die Kreativität und vor allem das Schockpotential der nachfolgenden Generation oft unterschätzt werden. Die Jugend findet meistens einen Weg, sich provozierend in Szene zu setzen.

Unsere Gesellschaft ist heute der Jugend gegenüber toleranter. Niemand rümpft die Nase, wenn ein junger Mensch mit langem Haar am Kiosk bedient werden will. Wer heute eine Gegenreaktion will, muss stärkere Mittel einsetzen. Der Erwachsene lässt sich nicht so rasch aus seiner wohligen Gleichgültigkeit bringen. Die Hipster-, Kultur- oder Gangsta-Szene ist ein Fundus für mögliche Abgrenzungshandlungen. In der Szene gibt es vielerlei Möglichkeit, sich von den Erwachsenen abzugrenzen. Die Hosen werden gürtellos und extrem tief getragen, damit ein eigenartiger Watschelgang entsteht. Die übergroßen Hosen lösen bei den Erwachsenen Kopfschütteln aus. Sie empören sich über diese Verstümmelung des Körpers und haben kein Verständnis für dieses Gehabe. Gemäß ihrer Sichtweise sind Hosen, unter dem Hintern getragen, kein schöner Anblick.

Das Schuhwerk bietet eine weitere Möglichkeit der sozialen Distinktion. Waren es früher die Beatles-Stiefel, weiße Turnschuhe, Sandalen oder Cowboyboots, die Aufmerksamkeit garantierten, so erfüllen heute übergroße, offen getragene Turnschuhe oder Schuhe mit dicken Sohlen diese Funktion.

Jugendliche versuchen sich auch über spezifische Anliegen von den Erwachsenen abzugrenzen. Lehrer beobachten, wie sich jugendliche Schüler immer wieder für Themen begeistern, die nicht Teil des offiziellen Curriculums sind. Der gängige Lehrstoff erreicht selten das Interesse, das Bereichen aus Randgebieten des Bildungsstoffes entgegengebracht wird. Die Jugend wählt oft Themen, durch die auch Kritik an der Gesellschaft, an Institutionen oder den Erwachsenen geübt werden kann. Monatelang dahin dösende Klassen entwickeln plötzlich bei bestimmten Themen ein unglaubliches Engagement. Nach einem Vortrag einer Kollegin engagierte sich eine Klasse vehement für gefangene Delfine. Das Delfinarium in Rapperswil am oberen Ende des Zürichsees wurde als Skandal empfunden. Vielfach werden auch Themen aus der politischen Aktualität herausgepickt und mit Aufmerksamkeit bedacht. Jüngere Jugendliche sind dann oft monothematisch darauf fixiert.

Das Projekt der Shell, die Bohrinsel Brent Spar in der Nordsee zu versenken, löste unter Jugendlichen Tumulte aus. Forderungen wurden gestellt, Aktionen geplant und Diskussionen initiiert. Schüler und Schülerinnen, die sich sonst passiv verhielten und politischen Fragen kaum großes Interesse entgegenbrachten, unterschrieben Petitionen und waren bereit, auch über die Unterrichtszeiten hinaus zu diskutieren.

Die drohende Versenkung der Ölplattform hatte in ihnen Emotionen geweckt. Ähnliche Reaktionen konnte man bei den unterirdischen Atombombenversuchen bei Mururoa beobachten. Die nuklearen Experimente der Franzosen weckten die Leidenschaft der Jugend. Die jungen Frauen und Männer versammelten sich zu Protestmärschen. Diese Themen boten eine Möglichkeit, mit einer eigenen Auffassung in die politische Arena einzusteigen.

Diesen Abgrenzungsäußerungen steht die Tatsache gegenüber, dass die Mehrzahl der Jugendlichen die Lebenshaltung ihrer Eltern und Lehrpersonen eigentlich teilt. Trotz des Autonomiegebarens denken und empfinden die meisten Vertreter der jeweils jüngeren Generation gar nicht viel anders als die Erwachsenen. Die Werte der Eltern werden übernommen. Handelt es sich bei der Generationenkluft demnach um eine Chimäre?

Einstiegsszenarien

Wieso jedoch diese Provokationen? Wieso lässt sich die Jugend nicht widerspruchslos sozialisieren und gemäß den Vorstellungen der Gesellschaft erziehen und bilden? Milliarden werden in unsere Schulen investiert, ein hochprofessionelles Bildungssystem wurde entwickelt und Tausende von Forschungsprojekten durchgeführt, um die wesentlichen Faktoren der Erziehung zu erfassen und auf die Anliegen der Jugend einzugehen. Trotz dieses Aufwands und der großen Aufmerksamkeit sucht die Jugend die Unruhe und die Distanz. Wir versuchen, auf die Bedürfnisse der Jugend einzugehen, doch sie reagiert mit leichter Irritation oder sogar offenem Widerstand.

Um das Bedürfnis nach Provokation und Abgrenzung zu verstehen, müssen wir die psychologische Situation der Jugend bedenken. Seit einigen Jahren dominiert in der Erziehung die Vorstellung, dass das Kind durch die Entwicklungsbedingungen geprägt wird. Entscheidend für das Aufwachsen sind die Einflüsse der Umwelt, des Elternhauses und der Schule. Eine gesunde Entwicklung ist nur möglich, wenn sich Eltern Zeit nehmen, in der Schule ein angenehmes Klima herrscht, das Kind nicht mit Gewalt konfrontiert wird, das Milieu anregend ist und die Ernährung stimmt. Das Aufwachsen des Kindes wird also mit äußeren Faktoren in Zusammenhang gebracht. Ein harmonischer sozialer Kontext und optimale Förderungsimpulse garantieren, dass unsere Kinder sich zu zufriedenen, ausgeglichenen Erwachsenen entwickeln. Viele verstehen das Heranwachsen des Kindes als einen Prozess, der vor allem durch Faktoren der Umwelt und des Beziehungsnetzes beeinflusst wird. Selbstsicherheit erlangt ein Kind, wenn es die Eltern unterstützen, wenn es geliebt wird, keine Scheidung der Eltern durchmachen musste und von den Kollegen und Kolleginnen akzeptiert wird. Eigentlich sollte nichts schiefgehen, wenn ein Kind in einem gesunden Milieu aufwächst.

Wenn ein Jugendlicher verwahrlost, delinquent oder neurotisch wird, dann wird gemäß dieser Haltung im familiären oder im erweiterten sozialen Umfeld nach pathologischen Ursachen gesucht: Die Mutter war kalt, der Vater abwesend, das Kind in der frühen Kindheit traumatisiert oder Opfer eines sexuellen Übergriffs. Mit der Idee im Kopf, dass gesunde Entwicklung immer und bei jedem möglich sein müsste, werden Kindheiten und Familiengeschichten analysiert und diverse Pathologien und Traumata diagnostiziert.

Natürlich wird die Entwicklung eines Kindes durch das

Verhalten der Eltern, die Qualität der Schule und der Umgebung beeinflusst. Kinder, die traumatisiert oder Opfer von Gewalt sind oder vernachlässigt werden, tragen oft schwer zu therapierende Persönlichkeitsschäden davon. Diese äußeren Faktoren sind jedoch nicht die einzigen Determinanten der Persönlichkeitsentwicklung. Das Paradigma, das den Menschen als Produkt seiner Kindheit und seiner Umgebung definiert, ist halbrichtig. Das Heranwachsen eines Kindes ist nicht nur ein linearer Prozess. Die Entwicklung wird nicht nur durch die Qualität der Erziehung oder die Professionalität der Schule bestimmt, sondern Kinder und Jugendliche suchen sich ihren Lebensweg auch selber. Entwicklung ist ein interaktiver Prozess und wird von genetischen Dispositionen mitgesteuert. Jugendliche werden zu dem, was sie sind, nicht nur als Folge verschiedener Ereignisse oder Situationen in der Kindheit und Jugend, sondern sie haben den tiefen Wunsch nach einem eigenen Weg. Der Jugendliche strebt nach Zielen, damit diese ihn fördern und motivieren. Seine Seele tastet die Welt nach Objekten und Themen ab, die ihn anregen und zu Leistungen anspornen. Die Entwicklung des Jugendlichen verläuft nicht nur kausal, sondern sie hat auch eine finale Qualität.[24] Die Persönlichkeit des Jugendlichen ist nicht nur als das Resultat von sich bedingenden Ereignissen zu verstehen, sondern auch die Zielvorstellungen beeinflussen sein Verhalten. Was ein Jugendlicher fantasiert, wirkt sich auf seine Befindlichkeit, die Leistungsmotivation und seine Interessen aus. Er stellt sich Situationen vor, in der seine Bedürfnisse und Träume verwirklicht sind. Vielleicht hat er eine Ahnung von seinen persönlichen Fähigkeiten und den Möglichkeiten, die ein Zeitalter bietet, und spürt durch seine Fantasien intuitiv diesen Chancen nach. In den Themen, die Jugendliche anziehen, verbirgt sich oft der eigene Lebensweg. Der Jugendliche ist immer auch ein Produkt seiner Zukunft!

Die Bedeutung der Imagination

Der finale, zielgerichtete Aspekt des Heranwachsens wird durch Imagination gefördert. Diese Fähigkeit des Menschen, sich einen inneren Vorstellungsraum zu bilden und seine Umgebung mit Fantasiebildern anzureichern, ist auch ein wichtiger Motor der Entwicklung. In den Fantasien manifestieren sich Lebensziele. Die Jugend fantasiert sich einen eigenen Weg in die Gesellschaft. Die Bilder, die im innerseelischen Raum heranwachsen, wollen verwirklicht werden. Die Jugend sucht sich darum einen nicht definierten Raum, in dem die eigenen Fantasien Platz haben. Da sie dem Ruf der eigenen Visionen folgen will, muss sie sich vor der Umarmung der Erwachsenen schützen. Sie will nicht nur die offiziellen Sozialisationsinstanzen durchlaufen, sondern sich die Zukunft auch selbstständig, ohne den Kommentar oder die Beeinflussung der Erwachsenen imaginieren.[25] Oft spüren die Kinder oder Jugendlichen früh, was im Leben für sie wichtig ist und welche Rolle und Aufgabe sie haben möchten.

Um ihren Fantasien nachzugehen, brauchen die Jugendlichen soziale Räume. Sie suchen Einstiegsszenarien, die außerhalb der definierten Erwartungen liegen und es ermöglichen, Fantasien nachzuspüren. Die provokativen Kleider und brisanten Themen sind Ausdruck davon. Die Jugend sucht Auseinandersetzungen, die auch ihrer innerseelischen Wirklichkeit entsprechen, über die sie sich darstellen und eine Identität entwickeln kann. Sie will sich über exotische, brisante Probleme ein anderes Outfit geben und neue Themen einbringen, weil sie sich dadurch von der Erwachsenenwelt abgrenzen kann und in Kontakt zum innerseelischen Raum bleibt. Imagination wird durch Konventionen und Altbekanntes verhindert, sie braucht ein spezielles Fluidum, damit sie angeregt wird. Im Außergewöhnlichen manifestiert sich die Dynamik der Seele. Vertrautes vermittelt das Gefühl der Geborgenheit und Sicherheit, führt jedoch nicht in die Tiefe des Unbewussten. Weil die Jugend auch ihren innerseelischen Raum erfahren möchte, haben die Themen des offiziellen Bildungskanons nicht die Attraktivität, die von neuen, trendigen und gesellschaftlich wenig akzeptierten Themen ausgeht. Für eine Darbietung während eines Open-Air-Konzertes ist man bereit, im Schlamm zu liegen und achtzig oder mehr Euro zu zahlen, dem Enthusiasmus des Musiklehrers für eine Verdi-Oper oder Mozart-Arie bringt man nur ein müdes Lächeln entgegen. Die Interessen außerhalb des offiziellen Curriculums ziehen wegen ihrer Unkonventionalität mehr seelische Energien an als etablierte Bildungsinhalte. Man empört sich über die Walfischfängerei, begeistert sich für die Tuareg, schwärmt von einem neuen Drink oder einer megacoolen Tanzszene. Peinlich wird es, wenn Erwachsene glauben, über die Rock-Opern, den gezielten Einsatz von Sportgrößen oder Pins die Jugend für ihre Werte zu gewinnen. Die Jugend sucht Themen außerhalb der normalen Sozialisationsinhalte. Sie will sich über eigene, antagonistische Themen in die Welt einbringen. Die provokative Kleidung, die Haare sind Ausdruck von kollektiven Fantasien, von denen die jungen Menschen in diesem Alter umgetrieben werden. Das Herkömmliche allein genügt nicht, sondern es braucht Szenen und Themen, die neu, speziell und unbekannt scheinen. Über sie kann man imaginieren, auf das Abitur oder die Lehrabschlussprüfung hin lediglich pauken.

Die Imagination braucht ein Temenos[26], damit eigene Bilder und Symbole entwickelt werden. Einen solchen heiligen Bezirk finden die Jugendlichen in ihren Einstiegsszenarien. Durch sie können sie ihren Imaginationsinhalten nachspüren. Oft gibt es diese Szenen nicht in der Realität, sondern die jungen Menschen reichern ihre Umwelt mit diesen Einstiegsorten an. Ein Sozialarbeiter in Winterthur hatte es sich zur Aufgabe gemacht, die Jugendszenen zu studieren. Er wollte mit eigenen Augen mitverfolgen, wie das Kräftemessen der verschiedenen Stadtbanden aussieht. Die Jugendlichen berichteten ihm auch immer wieder stolz von den heftigen Auseinandersetzungen ihrer Banden und Cliquen. Der Sozialarbeiter sprach mit Dutzenden von Jugendlichen und hielt sich stundenlang in Freizeitzentren oder Jugendcafés auf. Sein Ehrgeiz war, einmal direkt solche Bandenkämpfe mitzuerleben. Zwar erzählten die jungen Menschen von Kämpfen und bedrohlichen Szenen, doch leider konnte er nie persönlich dabei sein. Heißen Tipps ging er immer nach, doch entweder war er zu spät, die Auseinandersetzung war abgesagt oder aber in einen anderen Stadtteil verlegt worden. Der Jugendarbeiter merkte nicht, dass die Kämpfe nie oder ganz selten stattfanden. Bei den Geschichten, die die Jugendlichen ihm erzählten, handelte es sich um Fantasien. Die Jugendlichen hatten nicht die Absicht, den Jugendarbeiter zu belügen, doch ihr kollektives Bedürfnis nach einer eigenen Szene ließ sie Ereignisse imaginieren. Sie reicherten ihre Umwelt mit unheimlichen Auseinandersetzungen an, die sie für ihre Identitätsentwicklung brauchten. Sie waren in einem virtuellen Geschehen gefangen, ohne sich dessen bewusst zu sein. Was der Sozialarbeiter von ihnen hörte, waren nicht reale Vorkommnisse, sondern ein imaginiertes Geschehen, waren Seelengeschichten und nicht reale Rapporte. Die Jugendlichen erschufen sich mit Hilfe ihrer Fantasien die Umgebung, die ihren altersspezifischen Bedürfnissen entsprach. Die Bandenfantasien der Kämpfe ermöglichten ihnen, sich seelisch in der Stadt einzubringen. Sie kreierten seelische Wirklichkeiten, damit diese ihnen als Einstiegsszenarien dienen konnten.

Die antagonistische Tendenz der Jugend muss nicht konkret ausgelebt werden. Viele oder vielleicht sogar die meisten Jugendlichen verwandeln die weitere Umgebung gemäß ihren Imaginationen, ohne dass real etwas passiert oder sich verändert. Die großartige Revolution findet im Kopf statt. Gibt es andererseits Anzeichen, dass dort draußen wirklich etwas geschieht, und ist dramatisches Aufbegehren angesagt, dann ist die Wahrscheinlichkeit groß, dass die Mehrzahl der jungen Menschen spontan mitfühlt. Sie identifizieren sich sofort mit subkulturellem Protest, gehe er von Greenpeace, einer politischen Partei oder einer ethnischen Minderheit aus.

Später blickt man nostalgisch auf diese Szenarien zurück, unabhängig davon, ob sie stattgefunden haben oder nicht. Die eigene Jugend wird verklärt. Ältere Menschen geraten ins Schwärmen, wenn sie von ihren Jugendtaten und Protesten berichten. Keiner war brav. Oft lässt die ältere Generation sich von der Vorstellung leiten, dass damals »alles anders« war. »Früher setzte man sich noch für Ideale ein!«, weiß der Altachtundsechziger zu berichten, oder: »Früher war man noch nicht so verwöhnt wie heute.« An die Einstiegsszenarien, seien es die Hip-Hop-Szene, Skateboard, Musikfestivals, Kleidung oder Happenings, erinnert man sich ein Leben lang. Sie werden später als Beweis angesehen, dass man sich natürlich nicht normal sozialisieren ließ, sondern einen anderen, speziellen Weg wählte. Ein New Yorker Broker hat sorgfältig unter Glas sein ungebrauchtes Eintrittsbillett für Woodstock aufbewahrt. Es erinnert ihn immer wieder an die großartige Zeit, als das Festival durchgeführt wurde. Jedem, der es hören oder nicht hören wollte, teilte er mit, wie er damals über die Hecke sprang und das Konzert gratis besuchen konnte.

Ein junger Mensch braucht ein Einstiegsszenario, um auf der Welt einen Platz zu finden. Das Einstiegsszenario vermittelt das Gefühl, etwas Spezielles zu sein. Die juvenile Arroganz, über die sich viele Erwachsene ärgern, ist Ausdruck einer gesunden Annäherung an innerseelische Felder. Die Jugendlichen fühlen sich als etwas anderes, weil sie sich in andere seelische Tiefen einstimmen. Das ermöglicht ihnen, ihre Umwelt neu zu imaginieren. Seelisch wollen sie sich auch neu erschaffen und nicht nur durch die Gesellschaft formen lassen. Vorgegebenen Rollen und Aufgaben begegnen sie mit Skepsis, weil zu viel Anpassung verhindert, dass ein neuer Weltentwurf kreiert wird.

Interessanterweise zeigt sich dies auch beim Thema Gewalt. Viele Jugendliche haben das Gefühl, dass sie selber kein Problem mit Gewalt und Aggression haben. Sie konstatieren, dass die Medien und Zeitungen voll davon sind und die Erwachsenen gemäß ihrer Wahrnehmung ganz hysterisch auf dieses Thema reagieren. Ihnen selber mache Gewalt keine Sorge. Hie und da seien sie gewalttätig, doch das sei doch ganz normal, haben sie den Eindruck. Diese Jugendlichen haben das Gefühl, die Erwachsenen hätten ein Problem mit Gewalt. Sie selbst hingegen wollten nur einfach kämpfen, rammeln, foppen oder dem anderen vielleicht sogar eins in die Fresse hauen, da sei doch nichts weiter dabei. Ich stelle bei vielen Jugendlichen fest, dass sie zwar Gewalt ablehnen, jedoch mit dem Thema spielen. Hinter ihrer echten oder vorgetäuschten Faszination für Gewalt versteckt sich auch der Wunsch, sich von den Alten abzugrenzen.[27]

Die Einstiegsszenarien der Jugendlichen müssen jedoch nicht nur unkonventionell sein, sondern sich auch durch eine grandiose Qualität auszeichnen.[28] Ihnen wird oft eine Bedeutung zugeschrieben, die für Außenstehende kaum nachvollziehbar ist. In ihrer subjektiven Wahrnehmung partizipiert die Gruppe an weltumspannenden Bewegungen und historischen Großereignissen. Die Jugendszenen und Gruppenaktionen werden oft massiv überhöht: Festivals wie Woodstock werden nachträglich zu gigantischen Ereignissen empor stilisiert, oder die 68er-Krawalle beim Globusprovisorium in Zürich, die Jugendbewegung der 80er-Jahre werden zu einem Ereignis, das die ganze Schweiz erschüttert haben soll. Der Jugendliche braucht großartige Einstiegsszenarien. Er oder sie fantasiert Großereignisse, damit später die Mythologisierung leichter möglich wird: Der Fünfzigjährige schwärmt von der Besetzung der Universitäten in Paris oder der Sechsundzwanzigjährige preist die ursprüngliche Grafittiszene in den höchsten Tönen.

Die Jugend imaginiert ihren Einstieg in die Gesellschaft und mobilisiert viel Energie, um ihre Visionen zu verwirklichen. Um dieses Ziel zu erreichen, müssen Ängste und Widerstände überwunden und die Erwachsenen auf Distanz gehalten werden. Die Einstiegsszenarien bedeuten die Chance, sich seelisch in die Gesellschaft einzubringen und an ihren Herausforderungen zu partizipieren. Die Jugend muss innerlich berührt, aufgewühlt oder erregt werden, um einen eigenen Weg ins System zu finden. Brave oder unspektakuläre Eingliederungen gibt es kaum. Die Einstiegsszenarien spiegeln die seelische Befindlichkeit der Jugend wider. Betrachten wir die Inhalte dieser Einstiegsszenarien, hören wir die Geschichten, die über sie erzählt werden, und studieren wir die Fantasien, die über sie gesponnen werden, dann erkennen wir viele Symbole: Bildliche Darstellungen einer Botschaft, die sich schwer in Worte fassen lässt. Symbole erkennen wir in ihrer Wirkung. Sie lösen Emotionen aus, sei es Ärger, Ergriffenheit, Staunen oder Begeisterung, und ändern unsere psychische Befindlichkeit. Symbole haben oft eine magische, dämonische Ausstrahlung auf uns. Wir empfinden darum gewisse Symbole als heilig – wie das Kreuz oder den Altar – oder reagieren angstvoll, abergläubisch, etwa bei Spinnen, Schlangen oder schwarzen Katzen. In den Symbolen stellt sich unsere menschliche Seele dar. Sie verweisen auf Inhalte, die transzendent bleiben. Die Welt bietet eine Fülle von Gestalten an, die sich als Symbol eignen. Ein Baum ist einerseits eine Pflanze, andererseits ein inneres Bild. Er steht für Leben, Persönlichkeit oder Entwicklung. Je nach Einstellung oder Sichtweise können wir der Umwelt oder Kulturgegenständen andere Qualitäten abgewinnen. Ein Staubsauger ist ein elektrischer Apparat, um Dreckpartikel aufzusaugen und Wohnungen zu säubern, er symbolisiert jedoch auch eine Partnerschaftsgeste oder steht für unseren Umgang mit Schmutz. Ein Symbol spiegelt unsere seelischen Befindlichkeiten wider. Aus symbolischer Perspektive ist unsere Welt eine Quelle für Seelenbilder. Die farbigen Haare, das Piercing, das Peace-Zeichen, das Billet von Woodstock, die speziellen Bewegungsmuster der Hip-Hop-Kultur sind darum nicht nur Identitätsmerkmale, sondern auch Symbole. Wenn sich die Jugend ein Einstiegsszenario imaginiert, dann erschafft sie sich dadurch auch Symbole, um sich heimisch zu fühlen. Dank der Imagination werden eigene, generationsspezifische Symbole kreiert.

Um zu imaginieren, müssen wir unser Dasein aus symbolischer Perspektive sehen können. Durch die Imagination tasten wir Umwelt und Vergangenheit nach Seelenbildern ab und besetzen Gestalten und Objekte mit seelischen Inhalten. Der innere Vorstellungsraum wird durch Bildmaterial aus der Außenwelt ausstaffiert. Die Seele sucht nach einem kongenialen Objekt, damit sie sich darstellen kann. Es geht um Bilder, die zwischen Innen und Außen, zwischen den Inhalten unserer Seele und der Realität dort draußen vermitteln.[29] Die Symbole, die wir auswählen, haben einen Rückkoppelungseffekt. Wir können uns seelisch an ihnen orientieren, und sie helfen uns, einen Sinn in unseren Tätigkeiten zu erkennen. Die Jugendlichen wollen die Kraft der Symbole spüren, wenn sie die Erwachsenen durch ihr Auftreten schocken. Wenn sich also jemand über einen Kahlkopf aufregt, dann ist dies gleichzeitig der Beweis, dass das Symbol wirkt, dass es die imaginierte Gegenwelt gibt. Die äußeren Zeichen verweisen auf innere Bilder und Fantasien, an denen sich die jeweilige Generation orientiert. Die Jugend sucht sich Symbole, über die sie sich als eigenständig, autonom erleben kann.

Fehlende Transformationssymbole als Kulturdefizit

Die jeweils neue Generation will nicht nur sozialisiert, erzogen und gebildet werden, sondern in Auseinandersetzung mit der Gesellschaft einen Weg zu sich selber finden. Sie kreiert Symbole, damit sie sich ein Profil geben und seelisch orten kann. Die Provokationen, die die Jugendlichen immer wieder suchen, weisen auf ein strukturelles Defizit unserer Gesellschaft hin.[30] Es fehlt an Symbolen, über die der Transformationsprozess von der Kindheit zum Erwachsenendasein abgehandelt werden kann.

In vielen Gesellschaften ist dieser Übergang ritualisiert. Er geschieht über eine Phase der Hinwendung zur Imagination und zur Symbolisierungsfähigkeit des Menschen. Oft vollzieht sich die Integration in die Gesellschaft über harte Prüfungen. Ängste müssen überwunden oder Leistungen erbracht werden, damit man gesellschaftlich Legitimation erlangt. Vielfach erfolgt diese Eingliederung über spezielle Initiationsriten. Sie verläuft spannungsvoll, angstbesetzt und für Jugendliche irritierend. Bei den Omaha in Nebraska mussten die Jugendlichen eine Zeitlang das Zeltlager verlassen, alleine an einem heiligen Ort verbringen und sich dort mit sich selber auseinandersetzen. Abgeschieden vom Stamm warteten sie auf Träume oder Visionen, die dann über die Zuteilung zu einer Untergruppe entschieden. Eine leidvolle, schwierige Phase musste überwunden werden. Der geheimen Untergruppe der Te'ithaethe (die, denen der Büffel seine Leidenschaft gezeigt) schloss sich an, wem der Büffel im Traum erschien, zur geheimen Gesellschaft der Monchu gehörte, wer eine Vision vom Bären hatte.[31] Die Wendung nach innen war eine notwendige Voraussetzung zur Eingliederung in eine Untergruppe. Der Jugendliche konzentrierte sich auf seine Fantasien, um einen Platz in der Gesellschaft zu finden. Auch die Ureinwohner von Arnheim Land, Australien, kannten Initiationen, die die Hinwendung zum inneren Geschehen, zur Traumzeit von Altjurunga forderten. In speziellen Zeremonien musste der Initiant sich mit mythologischen Mächten auseinandersetzen, bevor ihm ein Platz in der Gesellschaft zugewiesen wurde.[32] Solche Initiationsriten waren immer mit einem geheimnisvollen Schleier umgeben. Bei den Omaha wussten die Jugendlichen nicht, welche Träume sie auf den heiligen Bergen haben würden, bei den Ureinwohnern von Australien war es nicht klar, welche mythologischen Figuren auftauchen würden. Diese Initiationen waren auch eine Möglichkeit zur Imagination.[33] Andere, transzendente

Mächte brachten sich ein, besetzten das Dasein mit seelischer Energie und vermittelten das Gefühl der Zäsur.

Heute gibt es wenig offizielle Initiationsriten.[34] Die Auseinandersetzung mit den inneren, seelischen Mächten und den Erwachsenen spielt sich höchstens über Kleinkriege ab. Die Diskussion über Kleidung, Haartracht, Schuhwerk oder Musik kann man jedoch als Teil eines Initiationsszenarios verstehen. Die Jugendlichen setzen sich in Gegensatz zum Establishment, um die nötige Spannung hervorzubringen, damit sie sich antagonistisch in die Gesellschaft einbringen und über sich selber imaginieren können. In Ermangelung offizieller Initiationsriten erfindet die Jugend Riten, die es ihr ermöglichen, sich seelisch in die Gesellschaft einzubringen und das Dasein zu symbolisieren.

Die meisten Jugendlichen merken dies. Sie spüren, dass die Szenen vor allem eine symbolische Bedeutung haben. Sie engagieren und identifizieren sich mit ihnen, realisieren jedoch, dass es sich letztlich um ein virtuelles Spiel handelt. Man stellt sich vor, Tagger, Emo oder Fixie zu sein, weiß jedoch genau, dass man vor allem Schüler, Lehrling oder Familienmitglied ist. Die Geschichten über die Tagger-Szenen, die Verklärung der Erlebnisse während der 80er-Jahre oder die Berichte von den Kämpfen zwischen den Stadtbanden sind Versuche der Selbstinitiation. Die Szenen werden als virtuelle Welten verstanden, als ein symbolisches Spiel, von dem man sich später wieder löst.

Neue Herausforderungen der Jugend

Jungen sind cool und weinen nicht

»Checkssch!«, zischt ein Jugendlicher einen Kollegen an, blickt ihm provokativ nah in die Augen, fährt mit seinen Armen ruckartig nach hinten und versetzt ihm mit dem Brustkasten einen kurzen Stoß. Der andere zieht die Oberlippe hoch, dreht langsam seinen Kopf und meint ruhig: »Was ist? Voll Mongo!« Eine alltägliche Kurzinteraktion zwischen Jugendlichen. Die beiden sechzehnjährigen Jungen sind cool. Sie sind gemäß ihrer Diktion »voll easy«, »in« oder »lässig«. Durch ihr Verhalten werden sie von Gleichaltrigen respektiert. Während der Adoleszenz, doch oft auch früher, erkennen wir im Verhalten und in der Kommunikation junger Männer Muster, die uns oft irritieren: Beim Sprechen wird unendliche Langeweile signalisiert, die Gesten deuten aggressive Potenz an und die Kleidung soll schocken. Einem sprachlichen Reduktionismus wird gefrönt: Die Umgebung wird als »geil« oder »scheiße« empfunden und die Mitmenschen in »Mega-Wichser«, »Abgefuckte« oder »hurengeile Typen« eingeteilt. Erwachsene reagieren mit Empörung, wenn sie die unflätigen Wörter aus dem Sexual- und Fäkalbereich hören. Ist dies das Resultat der Tausenden von Deutschstunden, die jeder absolviert hat? Haben die Jungen vergessen, dass die Sprache einen großartigen Schatz von differenzierten Ausdrücken und Metaphern enthält? Zum Coolsein gehört auch, dass man sich *nichts anmerken* lässt. Das Pokerface beweist, dass man über der Sache steht, und die lässig-lockeren Bewegungen signalisieren, dass ja eigentlich alles »scheißegal« ist. Betroffenheit und Gefühle zu äußern wäre peinlich und führt unweigerlich zu einem Gesichtsverlust. Wenn in einem Freundschaftsgespräch im Klassenrahmen ein Junge sich durch die Bearbeitung der Lehrerin dazu erweichen lässt, Gefühle zu zeigen oder gar zu weinen, dann ist der Ruf ruiniert. Obwohl es meistens nicht zugegeben wird, in den Augen anderer gilt er als »bedeppert«. Das Leben ist brutal, Schule »scheiße« und die Eltern sowieso daneben, was soll das jämmerliche Geweine.

Coolness ist eine Haltung, die bei Jungen sehr verbreitet ist. Schon kleine Jungen identifizieren sich mit solchen Verhaltens- und Denkweisen. Zur Coolness gehört eine demonstrative Distanziertheit. Nach außen wird eine »Ist mir doch egal!«-Haltung markiert. Bei Ermahnungen, Strafen und in Gesprächen gibt man sich völlig zugeknöpft. Es kommt doch nicht »drauf an«, bedeuten sie den Erwachsenen.

Viele Lehrer und Lehrerinnen ärgern sich über solche coolen Typen. Sie empfinden dieses Auftreten als Provokation, den Jargon als indiskutabel und sind der Ansicht, dass sie sich an einem antiquierten Männerbild orientieren. Ist es nicht an der Zeit, dass Jungen lernen, Gefühle und Betroffenheit zu zeigen, und dieses lächerliche Machogehabe ablegen? Eltern sind oft irritiert. Sie fragen sich, wieso aus dem feinen, sensiblen Jungen, der früher wegen eines entflohenen Wellensittichs unter Schlaflosigkeit litt, plötzlich ein so unzugänglicher junger Mann wurde. Was haben wir falsch gemacht? Oder haben ihn Außeneinflüsse verdorben?

Gemäß aktuellem pädagogischem Credo ist es auch für Jungen angebracht, Gefühle zu zeigen, zu weinen und persönliche Empfindungen offen auszudrücken. Es ist keine Katastrophe, wenn man sich zugänglich gibt. Wir versuchen in der Schule und Erziehung *Empathie* und *Beziehungsfähigkeit* zu fördern. Klassengespräche sollen Jungen für die soziale Dimension sensibilisieren und kommunikative Kompetenzen fördern. Der harte Mann ist ein Anachronismus. Kein Pädagoge fordert heute, dass Jungen nicht weinen dürfen. Ziel der koedukativen Pädagogik ist es, Mädchen und Jungen zu helfen, ihre Gefühle, Empfindungen und Ängste auszudrücken.

Ein Blick auf das Gehabe junger Männer zeigt rasch, dass die Pädagogik mit diesen Zielen *gescheitert* ist. Im Gegensatz zu unseren hehren Erwartungen hat »Coolness« unter Jungen immer noch eine unglaubliche Faszination. Coolsein ist in. Trotz dieses offensichtlichen Misserfolgs haben sich die Forderungen der Pädagogik nicht verändert. Sie werden oft mit noch größerem Nachdruck vertreten. Die Jungen *müssen einfach* ihr distanziertes Gehabe ablegen, offener und gefühlvoller werden, so das allgemeine Credo. Die Schwierigkeiten, die die Pädagogik bei der Durchsetzung dieser Ziele hat, haben jedoch nicht nur mit der Renitenz der Jugendlichen zu tun, sondern erklären sich aus dem Wesen der Pädagogik und der tieferen psychologischen Bedeutung der Coolness. Erziehung will Kinder und Jugendliche entsprechend Wertvorstellungen beeinflussen. Die Kinder sollen sich gemäß unseren Vorstellungen entwickeln, sich selbst verwirklichen, um schließlich als liebesfähige, ausgeglichene und arbeitsfähige Menschen ihren Platz in der Gesellschaft einzunehmen. Die Pädagogik operiert immer mit *Zielvorgaben.* Sie visiert einen Zustand an, der sich vom aktuellen Verhaltensbild des Kindes abhebt. Pädagogik transzendiert das Hier und Jetzt, um auf einen Idealzustand zu fokussieren. Diese Einstellung der

Pädagogik birgt jedoch die Gefahr, dass die psychologischen Gründe für das *effektive* Verhalten und die *eigentlichen* Bedürfnisse des Kindes nicht mehr genügend berücksichtigt werden. Man schaut an der Psychologie des Kindes vorbei und hat nur noch die Zielvorgaben im Auge. *Wie* das Kind ist und *was* es mitbringt, steht nicht mehr im Zentrum, sondern nur noch, *wohin* wir es führen wollen. Der psychologische Standpunkt, der den Menschen als Wesen mit einer Geschichte, mit Anlagen, mit Trieben, mit Stärken und Schwächen versteht, wird in einer solchen Pädagogik vernachlässigt. Die große Gefahr ist, dass Pädagogik zu einer *Ideologie* mutiert, die nichts mehr mit dem Kind an sich zu tun hat. Sie entwirft eine großartige Utopie, der zwar viele begeistert zustimmen, die jedoch die Realität vergewaltigt. Diese vom Zeitgeist beeinflussten Ideologien benutzen das Kind oder den Jugendlichen oft nur als Metapher, um einen eigenen Weltentwurf zu propagieren.

Heute richtet sich die Pädagogik nach dem Vorbild des *neuen Mannes.* Schon im Kindergarten soll den Jungen beigebracht werden, wie sie später als Mann sein sollen. Männliche Stereotypien, wie sie die Jugend in ihrer Suche nach Coolness zelebriert, werden als Ausdruck eines veralteten Rollenklischees betrachtet. Wir müssen uns von diesen *einseitigen* Geschlechtsrollen lösen. Die Schule soll geschlechtsneutral, gendergerecht unterrichten und keine spezifischen Eigenschaften bei Mädchen oder Knaben in den Vordergrund stellen. Allgemeine Ziele, wie Beziehungsfähigkeit, Ausdrucksfähigkeit, Kommunikation, soziale Kompetenz, Toleranz und Solidarität werden in den Vordergrund gestellt.

Es geht nicht darum, diese Vorstellungen zu werten. Niemand wird Kommunikationsfähigkeit oder die Förderung des Ausdrucks ablehnen. Die Erziehung hat jedoch die Aufgabe, unter *Berücksichtigung der Psychologie* einen Weg zu finden, um die Jugend in die Gesellschaft einzuführen. Sie darf bei ihren Gedankengängen nicht nur von Ideologien ausgehen, sondern muss das *effektive Verhaltensbild* der Jugend und deren Psychologie miteinbeziehen. Ohne den Blick in die Seele des Kindes ist pädagogisches Wirken nicht möglich. Kinder und Jugendliche verfügen über autonome Wünsche, Ziele und seelische Tendenzen, die nicht in den Zeitgeist passen. Es gilt, ideologiefrei die Psychologie der Jugend zu studieren. Irritierende Verhaltensweisen sollen nicht gleich pathologisiert oder auf problematische Einflüsse zurückgeführt werden, bevor nicht auch die seelischen Hintergründe ausgeleuchtet wurden. Da leider auch die akademische Psychologie stark von den nach dem Zeitgeist ausgerichteten Ideologien geprägt ist und oft unter wissenschaftlichem Deckmantel neue Dogmen verbreitet werden, ist die genuin psychologische Sicht nicht einfach. Rasch wird der psychologischen Schau eine ideologische Gegenposition untergeschoben. Erziehung muss *pragmatisch* vorgehen, wenn sie nicht alle zehn Jahre einer neuen Utopie verfallen will. Bei Fragen des Mannseins ist es Aufgabe der Psychologie, ohne Scheuklappen und jenseits fundamental-feministischer Dogmen der Pädagogik Erkenntnisse zu liefern, die realistische Schlussfolgerungen ermöglichen. Erziehung hat keine Allmacht, sondern ist lediglich eine Institution unter vielen, die das Kind beeinflussen.

Die Hartnäckigkeit, mit der Jungen am coolen Verhalten festhalten, muss stutzig machen. Coolness dürfen wir darum nicht einfach zu einem auszumerzenden Überbleibsel einer patriarchalen Kultur erklären, sondern sie muss auch als *autonome psychologische Regung* verstanden werden. Vielleicht ist Coolness ein Mittel, Männlichkeit zu akquirieren, um sich von weiblichen Einstellungen abzuheben. Im coolen Auftreten proben die Jungen ihr Mannsein. Die tiefere Bedeutung verstehen wir nur, wenn wir einen Blick auf die Psychologie des Mannes wagen. Im Gegensatz zur weiblichen Identität stützt sich männliche Identität tendenziell viel stärker auf das Geschehen und die Themen im Außenraum ab. Die Öffentlichkeit, das Politische, das Allgemeine und das Kollektive sind für Männer seelisch anders besetzt als für die meisten Frauen. Während Frauen sich in der Mehrheit vom Privaten und Persönlichen her definieren, leitet die überwiegende Mehrzahl der Männer ihre Identität vom Kollektiv ab.[35] Sie verstehen sich als eine Funktion eines allgemeinen Themas oder Mythos.[36] Ein Junge versteht sich erst einmal als Rapper oder Hip-Hopper und erst dann als Sohn oder Freund.[37] Den Beruf, öffentliche Herausforderungen und Politik erleben sie darum nicht nur als Aufgabe, sondern sie haben auch eine identitätsstiftende Funktion. Aus diesem Grunde haben auch Zeremonien, Auszeichnungen und öffentliche Rituale für Männer eine große Bedeutung. Ein Mann hat nicht nur den Beruf des Tontechnikers, Kaufmanns oder Hausmanns, sondern *ist* Tontechniker, Kaufmann oder Hausmann. Seine Identität hat eine *unpersönliche* Qualität. Diese für manche irritierende seelische Tatsache drückt sich in der verzweifelten Suche der Jungen nach kollektiven Leitbildern aus. Da sich die Pädagogik dem Credo der Geschlechtsneutralität verpflichtet fühlt und dieses mit der berechtigten Emanzipationsforderung verwechselt, wird dieses Bedürfnis nach kollektiven Leitbildern oft nicht respektiert. Vielleicht stürzen sich Jungen deswegen auf Computerspiele, technische Geräte und Videogames, weil die Initiation ins Mannsein oft fehlt.

Eine unpersönliche Identität erwirbt man sich durch die Auseinandersetzung mit den Themen und der Psychologie des öffentlichen Raumes. Dieser kennt andere Verhaltensregeln und Durchsetzungsmechanismen als der private und persönliche Lebensraum. Nicht Beziehung, Authentizität und private Gefühle sind wichtig, sondern die Gesten, die auf das Kollektiv und die Mythen der Öffentlichkeit verweisen. Im öffentlichen Raum dominieren rituelle Verhaltensweisen. Es gilt, sich gemäß den ungeschriebenen Richtlinien des Kollektivs darzustellen, die korrekte Baseballkappe oder der richtige Computerjargon verrät, dass man sich in ein kollektives Thema eingestimmt hat. Man stellt sich als Mitglied einer Gruppe oder in Funktion eines *Mythos* dar. In der Fähigkeit, sich unpersönlich zu präsentieren, beweist man seine Nähe zum Kollektiv oder seine Verbundenheit zum aktuellen Mythos. Man ist, was man darstellt.

Coolness ist der Versuch, sich eine männliche Identität anzueignen. Wer cool ist, hat seine Emotionen im Griff und lässt sich von der Ratio steuern. Man stellt sich als Diener der Gruppe oder des Trends dar. Coolness muss als rituelles, männliches Verhalten verstanden werden. Jungen haben das Bedürfnis, sich mit kollektiven Leitbildern und Berufsmythen zu identifizieren. Sie wollen sich unpersönlich in Szene setzen. Sind sie unter Kollegen, so dringt dieser Wunsch durch. Durch den coolen Auftritt, den Jargon und die korrekten Gesten beweist man, dass man »in« ist, so wie Männer sich später mit ihrem Beruf identifizieren. Sich selber stellt man zurück. Man wird zu einem Diener einer Institution. Der Coole ist zu dieser sachlichen, unpersönlichen Einstellung fähig. Tränen sind nicht am Platz, außer sie stehen in Zusammenhang mit dem kollektiven Thema. Männer müssen cool sein, wenn sie akzeptiert sein wollen.

Coolness ist jedoch auch eine Waffe. Früher war sie für die schwarzen Sklaven in den Vereinigten Staaten eine Möglichkeit, trotz unterlegener Position den weißen Herren gegenüber Überlegenheit zu markieren. Ließ man sich nichts anmerken und tat so, als würden einen die Misere und die persönlichen Schwierigkeiten unberührt lassen, dann war man cool. Man signalisierte, dass man über der Sache stand und somit den anderen nicht ausgeliefert war. Der Coole beherrschte die Situation; wer seine Gefühle zeigte, war verletzlich und manipulierbar. Coolness war ein Schutz.

Coolness kommt bei Mädchen seltener vor. Der spöttische Blick, die fahrige Geste oder der lässige Auftritt hat bei ihnen nicht den überragenden Wert wie bei den Jungen. Coolness zeigt sich bei ihnen allenfalls in der Kleidung oder manieriertem Benehmen. In der Clique oder bei Kollegen verstehen sie es besser als Jungen, mit Gefühlen und persönlichen Empfindungen zu operieren. Sie sind wegen einer Behauptung tödlich beleidigt, wollen wegen einer Intrige von einer Kollegin nie mehr etwas wissen oder brechen eher in Tränen aus, wenn ein Problem andrängt. Sie verstehen es besser, sich über den persönlichen Kontakt durchzusetzen. Sie orientieren sich eher nach den Qualitäten der individuellen Begegnungen als nach kollektiven Kategorien. Sie setzen sich für die Kollegin ein und nicht für die Antifa-Szene. Während ein junger Mann sich möglichst bald als Darsteller eines kollektiven Themas oder gar Mythos präsentieren will, sehen sich junge Frauen als Individuum in einem Beziehungsnetz. Der junge Mann sucht durch sein Verhalten, seine Worte und seine Gesten den Bezug zum System, während junge Frauen sich persönlich auszudrücken versuchen. Diese differenten psychologischen Einstellungen haben zur Folge, dass dem Weinen je nach Geschlecht eine andere Bedeutung zukommt. Steht das Persönliche im Vordergrund, dann ist Weinen im Kollektiv zugelassen. Tränen verweisen auf persönliche Betroffenheit oder dienen als effektvolle Waffe. Wenn Jungen nicht weinen wollen, es als weiches Verhalten empfinden, dann hat dies auch damit zu tun, dass sie sich mit einem Kollektiv identifizieren. Tränen verweisen auf das Persönliche und sind gemäß der Definition von Coolness unangebracht, weil man ja Distanz und Gleichgültigkeit inszenieren will.

Für Jungen ist Coolness eine Möglichkeit, zu ihrer Männlichkeit zu finden. Die Coolness, die Cliquen- oder Bandenchefs ausstrahlen, übt darum oft eine unheimliche Faszination aus. Wenn die Lehrerschaft und die Eltern Gegenakzente setzen und ein anderes Männerbild vorleben, wird Coolness oft noch spannender und zu einer Möglichkeit, eigenständiges oder dissidentes Verhalten zu markieren. Während die Schule versucht, Beziehungsqualitäten zu fördern, übertrumpfen sich die Jungen gegenseitig durch ihre coolen Auftritte. Problematisch wird Coolness, wenn sie zur einzigen Einstellung dem Leben gegenüber wird und Herausforderungen gesucht werden, wo man sich als cooler Typ beweisen kann – die Clique, in der es cool ist, Champagnerflaschen zu klauen, auf einem Rad mit dem Motorrad loszupreschen oder von der Schule zu fliegen. Die Drohgebärden und das Geschrei der alten Knacker machen keinen Eindruck. Coolness verleiht Freiheit. Erst wenn man sich von nichts beeindrucken lässt, an die Grenzen geht und immer locker auftritt, hat man die Fesseln der Schule und Erziehung abgestreift.

Wir müssen das Bedürfnis der Jungen nach Coolness ernst nehmen. Der coole Auftritt ist für sie eine Möglichkeit, durch das Beherrschen der Gefühle Überlegenheit zu demonstrieren. Wenn wir den Jugendlichen nicht ermöglichen, in der Schule oder zu Hause cool zu sein, dann suchen sie Coolness anderswo. Als Erwachsener muss man dann den Gegenspieler spielen, der durch seine Forderungen und seine Haltung bei den Jungen Coolness provoziert. Jungen sollte man jedoch auch zeigen, dass nicht *alle* Situationen nach dem coolen Auftritt verlangen. Es gibt Momente, wo Gefühle und persönliche Empfindungen angebracht sind. Eltern wie auch Lehrpersonen sollen darum von Jungen fordern, sich in bestimmten Situationen zusammenzureißen, Gefühle zu unterdrücken. Sie signalisieren ihnen damit, dass sie ihre Unabhängigkeit respektieren. In anderen Situationen ist es angebracht, den persönlichen Gefühlen und eventuell auch Tränen freien Lauf zu lassen. Diese Unterscheidung zu treffen ist wichtig. Coolness darf nicht einseitig pathologisiert werden.

Pärchendasein als Selbstständigkeitsbeweis?

Selbstständigkeit ist ein wichtiger Leitbegriff der Pädagogik. Wir möchten unsere Jugend zu Menschen heranwachsen sehen, die zu eigenständigen Urteilen fähig und neugierig auf die Welt sind und ihren Lebensweg selber bestimmen. Der Alltag zeigt jedoch, dass die Umsetzung dieses Leitbildes Schwierigkeiten bereitet. Statt selbstständig zu werden, wählen junge Erwachsene oft die dyadische Fixierung: Die Paarbeziehung wird zu einer Möglichkeit, die Übergangsphase zwischen Jugend und Erwachsenendasein zu bewältigen. In diesem Kapitel wird das Leitbild Selbstständigkeit in Zusammenhang mit dem Phänomen der Frühpartnerschaften gebracht.

»Niemand hat mir in meine Entscheidung dreinzureden, ich bestimme – in Abstimmung mit meinem Freund – was ich tun und lassen will!« Für junge Erwachsene ist das Streben nach Selbstständigkeit von großer Bedeutung. Auch wenn die Eltern sie aus dem Hintergrund unterstützen, über die

Lebensgestaltung wird selber entschieden: Eine eigene Wohnung, unabhängige Reisen und ein selbstgewählter Freundeskreis sind äußerliche Beweise dieser Unabhängigkeit.

Unsere Jugend wollen wir zu unabhängigen, kritischen und nicht durch fremde Meinungen und politische Strukturen vorgeprägten Persönlichkeiten erziehen. Mündigkeit bedeutet die Fähigkeit und Bereitschaft, das soziale Leben zu bewältigen, das eigene Leben autonom zu gestalten und für sich selbst verantwortlich zu sein sowie mit der Sachwelt zurechtzukommen und in dieser angemessen zu urteilen und zu handeln. Neben der Sozial-Kompetenz muss den Heranwachsenden Selbst-Kompetenz und Sach-Kompetenz vermittelt werden, damit sie nicht ungewollten Abhängigkeiten und Zwängen verfallen.[38] Erziehung und Schule haben die Aufgabe, die geistige, moralische und politische Selbstständigkeit der Jugend zu fördern und den Jugendlichen zu helfen, allein den Weg durchs Leben zu finden.

Überforderung, Selbstständigkeit, Flucht in die Beziehung

»Weißt du, die Wochenenden sind immer für meinen Freund reserviert«, erklärt die junge Frau einer alten Freundin, nachdem diese sie zu einer Bergwanderung einladen wollte. Der Freund hat grundsätzlich erste Priorität. Eine tiefe Beziehung ist ein großartiges Geschenk. Nicht jedes Paar hat jedoch durch Liebe zueinander gefunden. Beziehungen zum Gegengeschlecht werden auch aus anderen Motiven eingegangen. Oft genügt gegenseitige Attraktion, das Gefallen an der Vorstellung, einen Freund oder eine Freundin zu haben, oder die Angst, allein zu sein. Wenn sich das ganze Sozialleben schon bei Jugendlichen und jungen Erwachsenen nach dem Freund oder der Freundin ausrichtet und alle Lebenspläne und -erwartungen sich um diese Beziehung drehen, dann handelt es sich vielleicht nicht nur um eine bereichernde Freundschaft, in der wichtige Erfahrungen mit sich selber und einem anderen Menschen gemacht werden, sondern ein Schattenmotiv hat sich eingeschlichen. Der Trennung vom elterlichen Haus folgten nicht Lehr- und Wanderjahre, sondern die Fixierung auf eine Person. Man wendet sich vom erweiterten Sozialleben ab, bekundet Abneigung gegen ausgelassene Feste oder Familienanlässe und mobilisiert kaum Energien für politische und kulturelle Ziele oder vertiefte Fremdkontakte, sondern das Dasein wird über die Beziehung zum Partner definiert. Gemeinsame Reisen, eine eigene Wohnung und Klagen über die Eltern werden als äußere Zeichen der Selbstständigkeit verstanden. Das Paar lebt in einer »dyadischen Fixierung«[39]. Im Gegensatz zu östlichen wird bei europäischen Jugendlichen häufig auch Distanz zur Familie markiert, damit man sich selbstständig fühlen kann.

Hinter der Ausrichtung auf eine Beziehung versteckt sich eine neue Abhängigkeit. Da die sozio-kulturelle Forderung nach Selbstständigkeit die jungen Menschen überfordert, dieses Ideal jedoch nicht aufgegeben werden kann, wird die Beziehung benutzt, um Selbstständigkeit in der Abhängigkeit zu leben. Scheinbar hat man sich emanzipiert, in Wirklichkeit wurde die Abhängigkeit von den Eltern gegen die Fixierung auf eine Beziehung eingetauscht. Die Gefahr einer solchen Entwicklung liegt in der emotionalen Überfrachtung. Sie dient als Kokon, um sich von der unheimlichen Außenwelt abzuschotten und die Schonzeit der Jugend zu verlängern. Die Auseinandersetzung mit sich selber, die Begegnung mit existentieller Einsamkeit und der Geworfenheit in die Welt drohen zu kurz zu kommen. Das Leben wird über die Paarbrille erlebt. Verschiedenen existentiellen Grunderfahrungen, mit denen der junge Mensch konfrontiert werden könnte, wird ausgewichen: Auseinandersetzungen mit fremden Menschen, vertiefter Kontakt mit der Verwandtschaft oder die eigenständige Bewältigung sozialer Anlässe. Scheinbar wird Selbstständigkeit markiert, in Wirklichkeit wurde die Abhängigkeit in der Zweierbeziehung gewählt. Ängste in Bezug auf das Erwachsenendasein können durch die dyadische Frühfixierung überdeckt werden.

Auf die Umgebung wirkt die Fixierung zweier Menschen auf sich selber irritierend. Dyadische Fixierungen sind von Natur her asozial. Die gegenseitige Verflochtenheit und Betonung der Paaridentität lässt für Außenstehende kaum Platz für Nähe und Intimität. Oft reagiert die Umgebung auf die Ausschließlichkeitssignale des Paares mit Tabuisierung: An der Beziehung des Sohnes, der Tochter, des Freundes oder der Kollegin wird keine Kritik geübt, da ja Beziehungen an sich gut sein sollen. Eigene Eindrücke zur Partnerin eines Kollegen werden diskret unterdrückt, da man selber dadurch noch mehr ausgeschlossen werden könnte. Fragen nach der Befindlichkeit richten sich nicht an die Einzelperson, sondern an das Paar: Wie geht es euch? Für die Entwicklung des jungen Menschen wäre es jedoch wichtig, dass er erfährt, wie er als Einzelwesen wahrgenommen wird. Kritik an Paaren sollte weiterhin erlaubt sein.

Die Umgebung kann den jungen Menschen zu spüren geben, dass sie auch als Einzelwesen zählen. Ein Kollegen- oder Kolleginnenkreis, Freundschaften und unverbindliche soziale Anlässe sind ebenfalls wichtige Gefäße der Identitätsfindung. Diese dürfen sich nicht in Alibitreffen erschöpfen, sondern es geht darum, auch in diesen Beziehungen Nähe und Geheimnisse zuzulassen. Ein Kollege muss spüren, dass nicht jedes Wort, das er sagt, automatisch auch an das Ohr der Partnerin des Kollegen gelangt. Soziale Anlässe gilt es nicht nur auf Pärchen auszurichten, damit die Paarbeziehung nicht zu einer sozialen Norm für junge Erwachsene wird.

Wir sind mit einem Paradox konfrontiert. Die jungen Menschen geben sich unabhängig, während sie in Wirklichkeit die Selbstständigkeit scheuen. Sie inszenieren das Pärchendasein im Versuch, den Eintritt ins Erwachsenenleben hinauszuzögern. Die Paarbeziehung ist höchstens der erste Schritt auf dem langen, oft leidvollen und mühsamen Weg zu seelischer Reife und Unabhängigkeit. Die erste Beziehung deutet den Beginn eines langdauernden Prozesses an, bei dem man nicht weiß, wie es am Schluss herauskommen wird. Aus distanzierterer Perspektive beurteilt handelt es sich bei solchen Freundschaften um Übergangsbeziehungen, die vor existentiellen Infragestellungen durch die Außenwelt schützen und das Gefühl einer gewissen Selbstständigkeit vermitteln, sodass die Betreffenden vor sich selber bestehen können. Dem elterlichen Lebensbereich folgt die geschlossene Welt einer Paarwirklichkeit.

Es gilt, den Kindern und Jugendlichen zu zeigen, dass wir abhängige, auf die Hilfe anderer angewiesene Wesen bleiben, auch wenn wir glauben, selbstständig zu urteilen und eigenständige Projekte zu verfolgen. Die übermäßige Betonung des Leitbildes Selbstständigkeit führt zu unrealistischen Erwartungen. Die Folge kann sein, dass sich der Jugendliche später in eine Abhängigkeit stürzt, die ihn von wichtigen Lebenserfahrungen der Adoleszenz ausschließt.

Die neuen Bildungsverweigerer

Während es in den Sechziger- und Siebzigerjahren in den Mittelschulen und Universitäten immer wieder zu Auseinandersetzungen und Protesten kam, ist es in den letzten Jahren ruhig geworden. Durchläuft eine Generation von ruhigen und vernünftigen Schülern und Studenten unser Bildungssystem, oder hat sich die Einstellung gegenüber Bildung verändert? Der Verzicht auf Protest kann auch als Zeichen des inneren Rückzugs verstanden werden. Die Schule hat ihre Rolle als Instanz, mit der man sich auseinandersetzt, um eine eigene Identität zu entwickeln, weitgehend eingebüßt. Das Bedürfnis nach persönlichen Dramen wird vom jungen Menschen in anderen Lebensbereichen befriedigt.

»Ich bedanke mich herzlich für Ihren Unterricht!«, lässt der siebzehnjährige Mittelschüler seinen Lehrer am Ende der Deutschlektion wissen. Erstaunt nimmt der Lehrer den Dank entgegen: Eigentlich sollte der junge Mann doch zerknirscht sein, denn soeben wurde er aufgrund seiner schlechten Leistungen und seines mangelnden Einsatzes im Deutschunterricht von der Schule relegiert. Das Verhalten dieses Schülers ist symptomatisch für viele Adoleszente. Lehrpersonen wird zwar höflich und respektvoll begegnet, der Schule wird jedoch nur ein oberflächliches Interesse entgegengebracht. Die Lektionen werden aus einer nüchternen Distanz begutachtet, erwecken jedoch selten große Emotionen. Die Schule wird als Pflichtübung oder unausweichliche Anpassungsleistung geduldet, ohne zu einem persönlich relevanten Thema zu werden. Ein Schulausschluss in dieser Lebensphase ist ärgerlich, aber keine Katastrophe, da Bildung in der persönlichen Wertung keine Priorität besitzt. Die neue Bildungsverweigerung kennt verschiedene Äußerungsformen. Fadenscheinige

Begründungen müssen herhalten, um einen Schul- oder Lehrabbruch zu rechtfertigen. Eine Buchhandelslehre wird abgebrochen, weil der Ladeninhaber kritisiert hat, dass man mit einer Teetasse durch den Laden gegangen ist, oder aus der Mittelschule tritt man aus, weil der Stundenplan mit einem Kurs in afrikanischem Tanz kollidierte oder man endlich mehr Zeit mit dem Freund verbringen wollte. Ohne lautes Getöse oder innere Kämpfe entziehen sich diese jungen Menschen der Bildung. Der Abbruch wird nicht als Ausdruck des Widerstands verstanden, sondern als Kündigung einer lästigen Tätigkeit. Die Verweigerung muss nicht zu einem Schulabbruch führen, häufiger drückt sie sich in einer *inneren Distanziertheit* der Schule gegenüber aus. Der Unterricht wird brav besucht und den Lektionen sogar Interesse entgegengebracht, doch der Einsatz entspringt taktischen Überlegungen und ist nicht Ausdruck einer genuinen Begeisterung. Die innere Verabschiedung vom Unterricht äußert sich in gehäuftem Absentismus und persistierendem Kränkeln. Kopfweh, Bauchweh, vierzehntägige Monatsbeschwerden, leichtes Unwohlsein und allgemeine Müdigkeit dienen als Grund, der Schule fern zu bleiben. Gemessen an der Häufigkeit der Absenzen muss der Gesundheitszustand der Vierzehn- bis Zwanzigjährigen sehr labil sein. Natürlich versuchen die Ausbildungsinstitutionen zu reagieren. Abwesenheits-Kontrollen, Präsenzlisten oder sogar Strafen können die Tatsache nicht überdecken, dass viele junge Menschen Bildung nicht als Beglückung oder Geschenk erleben, sondern als Nebenschauplatz im persönlichen Leben.

Der heimliche Abschied von der Bildung äußert sich auch durch eine Verschiebung der Interessen. Nicht den Bildungsfächern oder dem Studium gilt die Leidenschaft, sondern Raggae-Musik, Snowboarden, Tanzen oder Computerprogrammen. Sich dem Fun und der Clique zu widmen ist wichtig. Prüfungsvorbereitungen sind für die Schüler und Schülerinnen eine Irritation, drohen sie doch das prioritäre Freizeitprogramm durcheinanderzubringen. Für die seriöse Abiturvorbereitung fehlt leider die Zeit, da ein Filmprojekt ansteht oder eine Reise nach Jamaika. Die Bildungsverweigerung drückt sich auch in der Identifikation mit einer Außenszene aus. Man bezeichnet sich spontan kaum als Gymnasiasten oder Mittelschüler, sondern als Roller-Blader, Mitglied der Hausbesetzerszene, Mountain-Biker oder zukünftigen Weltenbummler. Andere Themen stehen im Vordergrund, die Schule oder sogar die universitären Grundkurse versucht man durch intelligente Anpassung zu meistern.

Für Lehrpersonen irritierend ist die taktische Anpassung. Diese jungen Menschen beteiligen sich am Unterricht, stellen Fragen und präsentieren sich als interessierte Schüler und Schülerinnen. Die Schule wird jedoch lediglich *kognitiv* bewältigt. Den Forderungen wird entsprochen, um zu verhindern, dass die Erwachsenen sich noch mehr ins eigene Leben einmischen. Tragisch, wenn eine Lehrperson oder ein Professor das Engagement und Interesse eines jungen Menschen in den höchsten Tönen lobt, während jener trocken konstatiert: Er wolle keinen Ärger, darum versuche er durch gezielte mündliche Feedbacks die Lehrperson bei guter Laune zu halten. Der Stoff sei ihm egal. Verbreitet ist auch die Aussage einer intelligenten Studentin, die mit den besten Abiturnoten ein pädagogisches Studium antritt: Bücher zu lesen komme nicht in Frage, da sie im Studium mit Artikeln überhäuft werde und in der Mittelschule den Lehrpersonen zuliebe genügend habe lesen müssen.

Die neue Bildungsverweigerung ist ein Phänomen, das wir ernst nehmen müssen. Tatsache ist, dass viele junge Adoleszente Schule und Ausbildung als *Pflichtübung* betrachten. Bildung ist in der subjektiven Wertung derart unwichtig, dass sich nicht einmal der Protest lohnt. Rebellionen in den Schulen und Universitäten, wie während der 68er-Jahre, sind auch Ausdruck von Erwartungen. Hinter Widerstand verbergen sich meistens auch Interessen. Mangels Alternativen werden die einzelnen Stationen der Ausbildungsgänge brav absolviert, die Interessen und Leidenschaften gelten jedoch anderen Lebensthemen, von einer Faszination für Bildungsthemen ist nicht viel zu spüren.

Die Leistung der Bildung

Aus der Sicht des Humanismus dient Bildung der Selbstgestaltung des Menschen. Er wird zu Glück und Tugend hingeführt. Bildung hilft »der Seele innewohnenden Kräften« zur Entfaltung (Humboldt). Auch bei Hegel stand die »Selbstverwirklichung des Geistes« im Zentrum. Der Einzelne gibt seine Subjektivität preis und leistet einen Dienst am »Absoluten«. Durch die Bildung kann der Mensch die Welt und sich selber vertieft wahrnehmen. Solch schöne Worte verraten eine romantische Überhöhung der Bildung und sind gemäß aktueller Bildungsdoktrin nur noch von historischem Interesse. Bildung gilt zwar immer noch als großartiges Gut unserer Kultur, doch stehen die empirisch überprüfbaren, steuerbaren Bildungsprozesse im Vordergrund. Es gilt, den jungen Menschen brauchbares Wissen und Kompetenzen zu vermitteln, Teilhabe am »größeren Ganzen« ist zu diffus und als Bildungsziel nicht brauchbar. Bildung muss erfolgreich sein und darum durch rationale Kriterien messbar werden. Sie symbolisiert keine Lebenshaltung, sondern wird durch Konzepte der Wissens- und Kompetenzvermittlung operationalisiert. Der großartige Aufwand, den unsere Gesellschaft für die Bildung aufwendet, droht jedoch sein Ziel zu verfehlen, wenn nicht auch die *Herzen* der nächsten Generationen gewonnen werden. Wenn Bildung nicht die »Seele erzittern« lässt und den »Hunger nach mehr« (Nietzsche) weckt, droht sie zu einem sekundären Sozialisationsinhalt herabgestuft zu werden. Bildung wird zu einem Sandkastenspiel, das die Illusion der älteren Generationen bewahrt, ihr Wissen, ihre Erfahrungen und ihre Kompetenzen würden weitertradiert. Prüfungen, vorgegebene Strukturen, genaue Lernprogramme und Abhängigkeiten schützen vor der Wahrnehmung der Ambivalenz und des Desinteresses der nächsten Generation. Da aus wirtschaftlichen Gründen viele junge Menschen zur Anpassung gezwungen sind, bleibt die Entseelung der Bildung unbemerkt. Eine Ausbildung zu absolvieren wird zu einer Leistung der *Persona.* Es gilt, eine einwandfreie Performance zu bieten, ohne die eigene Maske abzulegen. Die Seele wird nicht berührt.

Existentielle Herausforderung

Damit eine Schulung *emotional* bedeutsam wird, müssen sich Jugendliche von der Ausbildung einen Gewinn für das eigene Leben erhoffen. Während die Post-Adoleszenten den Wert einer Ausbildung eher nachvollziehen, herrscht unter vielen Jugendlichen Ratlosigkeit. In der Bildung wird nicht eine Antwort auf existentielle Herausforderungen gesehen. Die euphorischen Erwartungen, die im Zeitalter der Errichtung der Volksschule, der Universitäten, jedoch auch während der unruhigen Sechzigerjahre den Möglichkeiten des menschlichen Geistes gegenüber formuliert wurden, sind verschwunden.

»Ich habe beschlossen, durch einen Rolltreppenboykott gegen diese faule Gesellschaft zu protestieren«, verkündet ein achtzehnjähriger Schüler grimmig. Er erhofft sich von gelegentlichen Auftritten in Warenhäusern und in Bahnhöfen eine Einflussnahme auf die Umwelt, versteht es als eine kulturelle Leistung, die Treppen verkehrt herauf- oder hinunterzurennen. Er möchte *Wirkung* erzielen. Eine junge Gymnasiastin beschließt, dass sie am Bellevue Lieder singen wird, anstatt Lateinwörter zu büffeln. Auffallend bei diesen Bildungsverweigerern ist, dass sie ihre Energie in einer *persönlichen Arena* einbringen, wo sie sich als Irritation und in ihrer Einzigartigkeit der Welt präsentieren können. Durch den autonomen Akt wird der Kontakt mit der Welt dort draußen hergestellt. Sie möchten sich nicht nur anpassen, sondern etwas bewirken. Der Adoleszente zwischen 14 und 20 will *existentiellen Herausforderungen* nachspüren, durch die er seine Kräfte, Ängste, Hoffnungen, Sehnsüchte und Grenzen erfährt. Es braucht eine Inszenierung des Seins, um einen persönlichen Lebensentwurf zu entwickeln, den man der aktuellen Gesellschaft gegenüberstellen kann. Jugendliche suchen Szenarien, in denen sie sich auch als autonomen Gegensatz zur älteren Generation erleben. Sie wollen durch die Welt dort draußen berührt und von den Kräften der eigenen Persönlichkeit umtrieben werden. Der eigene Entwurf kann eine romantische, rebellische oder eskapatische Qualität haben, entscheidend ist, dass dank ihm der Wirklichkeit des Seins nachgegangen werden kann. Er fängt die Befindlichkeit dieser Lebensphase ein und ermöglicht mental eine Profilierung gegenüber institutionellen und tradierten Werten. Diesem entwicklungspsychologischen Bedürfnis nach Selbstsuche stehen die Notwendigkeiten der Ausbildungen gegenüber: Lernziele, persönliche Betreuung, klare Zielsetzungen und strukturierte Lehrgänge erschweren chaotische Selbstinszenierungen innerhalb der Ausbildung.

Das Drama in der Bildung

»Seit meiner Hüftoperation kann ich wieder problemloser gehen, die Arthritis an meiner linken Hand ist jedoch nicht verschwunden!«, informiert eine ältere Frau eine Nachbarin, die ihrerseits über den hohen Cholesterinspiegel ihres Mannes klagt. Jeder Lebensabschnitt hat seine spezifischen Themen. Diese spiegeln die Sorgen und Herausforderungen der entsprechenden Altersphase wider, sind jedoch auch eine Möglichkeit, sich dramatisch ins Dasein einzubinden. Wir brauchen solche Themen, damit wir existentiell herausgefordert werden und die eigene Persönlichkeit ausloten können. Diese kollektiven Themen helfen, Kompetenzen, Gefühle, Hoffnungen, Träume wahrzunehmen, jedoch auch Frustrationen und Ärger zu ertragen. Wir werden durch sie emotionalisiert, angeregt oder problematisiert. Dank solcher kollektiv abgehandelter Sorgen und Visionen sind wir bereit, neue Ziele anzustreben. Während wir uns im Alter über die körperliche Befindlichkeit und die Auseinandersetzung mit der Medizin dramatisch inszenieren, bietet sich während der mittleren Lebensphase das Familien- und Berufsleben für das Aufspüren der Facetten des Seins an. Diese typischen Herausforderungen einer Lebensphase müssen sich uns als Drama präsentieren, damit wir uns mit Herz und Seele engagieren. Auch der Adoleszente hat ein Recht auf existentielle Dramen, damit er sich bilden und entwickeln kann. Er will sich nicht nur nüchtern, sondern auch über Aufregungen in die Gesellschaft einbringen. Dieses Drama wird in unterschiedlichen Lebensbereichen gesucht: in der Szene, der Clique, der Familie, ersten Beziehungen oder einem Hobby. Wenn nun Bildung auch *seelisch* bedeutsam sein soll, dann muss sie dieses Grundbedürfnis nach Drama mit einschließen. Die Schule ist darum nicht nur ein Kompetenzvermittlungszentrum, sondern sollte auch eine Arena sein, wo persönliche, wirkungsvolle Inszenierungen möglich sind. Drama in der Bildung wird vermittelt durch außerordentliche Schulanlässe, profilierte Lehrerpersönlichkeiten, pointierte Standpunkte, Prüfungen, das Übernehmen von Verantwortung und periodischen Widerstand. Die Professionalisierung des Lehrerstands und das didaktisch geschickte Eingehen auf die Bedürfnisse der Schülerschaft muss ergänzt werden durch eine Heranführung der jungen Menschen an existentielle Herausforderungen unseres Seins. Vielleicht wird Bildung dadurch weniger als kulturelle Selbstverständlichkeit hingenommen, sondern als ein Ringen um Antworten auf Grundfragen des Lebens erlebt. Nicht die kognitive Bewältigung des Stoffes steht dann im Zentrum, sondern die antagonistische Auseinandersetzung mit den Bildungsinhalten und Werten der Gesellschaft. Die Schule wird zu einer Institution, für die man nicht nur den Kopf, sondern auch das Herz geben kann.

Freiräume im System

Neben profilierten Positionen, dank derer ein natürlicher Antagonismus gelebt werden kann, braucht die Jugend auch Freiräume innerhalb des Systems. Durch sie wird es für sie eher möglich, eigene Persönlichkeitsentwürfe zu skizzieren und persönlichen Interessen nachzugehen. Diese Freiräume werden durch antagonistische Inszenierungen markiert. Sie bieten den Schülern und Schülerinnen die Möglichkeit, sich nicht nur angepasst, sondern auch als unfolgsam und kritisch darzustellen. Durch Unfolgsamkeiten macht der Adoleszente deutlich, dass er über die leichte Abweichung etwas Besonderes sein will: Bei der Abiturfeier erscheint man demonstrativ im Neandertalerkostüm und selbstverständlich kommt man zu jeder dritten Französischlektion zu spät. Der Schule wird

Respekt bezeugt, indem man sie als Arena des persönlichen Dramas auswählt. Im Slalomverfahren zum Abitur zu kommen galt früher als Höchstleistung. Wer immer wieder knapp dem Sitzenbleiben entkam, hatte rasch den Ruf eines Helden. Die partielle Anpassung ans System, die dadurch signalisiert wird, bedeutet auch, dass man seinen Freiraum pflegt und sich nicht ganz hingibt. Den Alten wird kommuniziert, dass man seinen eigenen Raum innerhalb des Systems sucht. Paradoxerweise versteckt sich darum oft hinter diesem für die Lehrpersonen ärgerlichen Verhalten ein Engagement. Wer die Schule wichtig nimmt, ist bereit, sich hie und da den erbosten Reaktionen der Lehrpersonen zu stellen. Wer immer pünktlich erscheint und die Aufgaben nie vergisst, bringt sich existentiell nicht in die Schule ein. Solche Schüler verstecken sich hinter einer Maske des Wohlverhaltens und geben sich nicht die Mühe, wenigstens eine Gegenreaktion bei der Lehrerschaft zu provozieren. Die Schule wird nicht mehr als Arena der Inszenierung der eigenen Person gewählt, sondern ist ein Nebenschauplatz der für die eigene Identitätsbildung von sekundärer Bedeutung bleibt. Anpassung steht im Zentrum.

Damit Bildung von den jungen Menschen als eine ernsthafte Herausforderung und eine Antwort auf existentielle Fragen unseres Seins erlebt wird, müssen wir sie mit dem Bedürfnis nach Drama verbinden. Es gilt, die großartige Vision des 19. Jahrhunderts ins 21. Jahrhundert herüberzuretten. Wenn Bildung nicht nur als Wissens- und Kompetenzvermittlung verstanden wird, sondern auch das Moment der frei flottierenden Suche enthält, dann besteht die Chance, dass die Jugend fasziniert wird und sie sich für Bildungsinhalte engagiert.

Der innere Ruf
Fantasien weisen den Weg

»Für mich war Pippi Langstrumpf immer ein Vorbild: Ihre Frechheit, ihre Unabhängigkeit und ihre Streiche habe ich total bewundert. Ich möchte einmal so werden wie sie!«, »Ich schwärme für Tokio Hotel. Ihre Kostüme finde ich super, sie schocken!« Zwei Aussagen von Jugendlichen. Die Figuren, an denen sich Jugendliche während der Pubertät orientieren, entsprechen nicht immer unseren Vorstellungen. Wieso wählen sie nicht die Eltern oder vielleicht sogar den Rektor der Schule? Wieso werden nicht Bezugspersonen zu offiziellen Vorbildern? Die Leitfiguren, an denen sich Pubertierende bewusst orientieren, sind oft politisch inkorrekt, moralisch zweifelhaft, Außenseiter, hie und da sogar grotesk: Ein zwölfjähriger Junge wählt den hässlichen Sprayer Bart aus der Trickfilmserie »Die Simpsons« als Bild für sein T-Shirt. Jugendliche schwärmen oder identifizieren sich mit Figuren, die unerreichbar sind, auffallen, durch freches Auftreten imponieren oder spezielle Eigenschaften verkörpern. Die provozierende Pose der Lady Gaga hängt über manchem Bett. Natürlich müssen wir die bewussten Vorbilder trennen von den effektiven Bezugspersonen der Jugendlichen. Die unmittelbaren Bezugspersonen, seien es die Eltern, die Geschwister oder Lehrpersonen, bleiben emotional wichtig.[40] Junge Menschen träumen und schwärmen vielleicht von Bob Marley oder Justin Biber, ohne dass sie deren Haltung und Werte übernehmen. Reale Personen oder fiktive Figuren mit einer speziellen, einer rebellischen und einer prononciert anti-bürgerlichen Haltung rücken ins Zentrum der Aufmerksamkeit. Diese Idole sind kein Ersatz für Beziehungen, sondern spiegeln die *Aufbruchsstimmung* wider, die mit der Pubertät einsetzt. Jugendliche sind auf der Suche. Sie ahnen, dass es noch mehr im Leben gibt, als was ihnen vermittelt wird und ihnen vertraut ist. Bei den Vorbildern muss es sich um Außenseiter oder distanzierte Personen handeln, die nicht mit der vorherrschenden Kultur identifiziert werden, denn nur diese werden mit der Vorstellung des *ganz Anderen* assoziiert. Adoleszente sehnen sich nach Figuren, die neue und vielleicht unkonventionelle Botschaften vermitteln. Sie künden von einer anderen Welt. Mit der Pubertät bricht eine Epoche an, die für die Jugendlichen selber ein Rätsel ist. Etwas Neues drängt an, will gelebt und ausgekostet werden. Eine Reise beginnt, bei der das Ziel unbekannt ist. Die Vorbilder dienen als Wegmarken auf dem schwierigen Weg in ein neues Territorium.

Um Jugendliche auf diesem spannenden und oft schwierigen Weg zu unterstützen, brauchen wir neben Beobachtungsgabe, psychologischem Wissen und Einfühlungsvermögen auch ein *Interpretationsraster.* Wie sollen wir das Verhalten Jugendlicher beurteilen? Was bedeutet die Stummheit des Sohnes oder das beleidigte Türenschlagen der Tochter? Sind sie einfach frech, faul, verwöhnt, oder wollen sie uns durch ihr Verhalten etwas mitteilen? Pubertierende Jugendliche befinden sich in einer Aufbruchsphase.[41] Sie wollen ihre Umwelt und sich selber dekonstruieren, damit sie die Reise in eine *terra incognita* antreten können. Unsere Interpretationsraster müssen sich diesem Umstand anpassen. Während wir bei kleinen Kindern auf Schablonen zurückgreifen können, die helfen, das Verhalten zu kategorisieren, bricht unser Beurteilungsraster bei pubertierenden Kindern zusammen. Um die

Reise zu beginnen, müssen Jugendliche die vorherrschenden Werte, Haltungen und Lebensformen hinterfragen. Was einmal gültig war, verliert seinen Wert. Jugendliche lösen sich vom sozialen und familiären Dasein, in dem sie sich eigentlich immer noch aufgehoben fühlen. Sie proben eine Ablösung, obwohl sie sich immer noch stark mit ihrer Umgebung identifizieren. Für Vater, Mutter oder Lehrperson sind solche Umbrüche schwierig zu ertragen. »So etwas geht einfach nicht!«, denken wir, wenn der Sohn oder die Tochter sich unflätig benimmt, laut über Schul- oder Lehrabbruch nachdenkt oder nur noch Disco oder Reisen im Kopf hat. Wir stehen vor einem Rätsel. Was ist mit meinem Sohn oder meiner Tochter los? Was treibt sie oder ihn um? Wieso interessiert sie sich nur noch für Freundinnen und will am Familientisch nicht mehr reden? Wen habe ich da eigentlich großgezogen! Kann mein Sohn oder meine Tochter sich nicht einfach »normal« verhalten und aufhören, den ultimativen Kick zu suchen, frech zu sein, stundenlang zu telefonieren, herumzuhängen oder den Außenseiter zu spielen? Eltern und Lehrpersonen suchen angesichts der Pubertät ihrer Kinder verzweifelt nach einer Orientierung.

Die Fiktion der normalen Pubertät

Es gibt verschiedene Möglichkeiten, die Jugend psychologisch zu erfassen. Eine Möglichkeit ist der *Vergleich.* Wir versuchen das Verhalten des eigenen Sohnes oder der eigenen Tochter jenem anderer Jugendlicher gegenüberzustellen. Sind wir die einzigen Eltern, die mit Erziehungsproblemen kämpfen, oder ist es normal, dass pubertierende Jugendliche ihre Eltern auf verschiedenen Ebenen herausfordern? Fragt man Bekannte oder Verwandte, dann hört man Verschiedenes. Eine Nachbarin raunt uns zu, dass es bei ihr »noch viel schlimmer war«, und die Cousine erwähnt beiläufig, dass ihre Tochter zu Hause gar keine Schwierigkeiten bereitete. Vergleiche, die im privaten Umfeld angestellt werden, können beruhigen oder verunsichern: Ein halbwüchsiger Junge zeigt seiner Mutter den Stinkefinger und verkündet, bei einer solchen »Kuh« werde er sicher nicht lange bleiben. Die Mutter ist aufgewühlt. Schüchtern erkundigt sie sich bei einer Arbeitskollegin, wie sich ihr inzwischen der Pubertät entwachsener Sohn damals verhalten habe. Den eigenen Vorfall erwähnt sie nicht. Verständnisvoll nickt die Kollegin. Auch ihr Sohn habe sich damals zu Hause unmöglich verhalten: Jedes Mal habe er damals laut protestiert, wenn er im Haushalt habe mithelfen sollen … Persönliche Umfragen und Gespräche helfen nicht immer weiter. Erstens teilen uns andere Personen meistens nicht die volle Wahrheit mit. Was zu Hause geschieht, ist privat und wird aus Loyalitätsgründen auch nahestehenden Außenpersonen nicht mitgeteilt. Zweitens werden familiäre Schwierigkeiten retrospektiv oft verharmlost. Sind die Emotionen verebbt, dann verlieren die Auseinandersetzungen ihre Dramatik. An die Stelle von persönlichen Umfragen können wissenschaftliche Vergleiche treten. Umfragen oder Untersuchungen liefern uns Normen und Richtwerte über das Verhalten und Erleben der Jugend. Gemäß Untersuchungen haben zum Beispiel 60 % der Jugendlichen Konflikte mit den Eltern.[42] Umfragen verraten uns auch etwas über die Hintergründe des irritierenden Verhaltens: 43 % der Mädchen und 26 % der Jungen haben Mühe, sich selber, den eigenen Körper zu akzeptieren, 61 % der Mädchen und 69 % der Jungen beschäftigen sich innerlich immer wieder mit Berufsfragen, und schließlich 40 % der

Mädchen und 37 % der Jungen machen sich immer wieder Gedanken über ihre Zukunft.[43] Solche Prozentzahlen teilen uns etwas über die Befindlichkeit der Jugend mit. Der Blick auf den Allgemeinzustand hilft uns vielleicht auch, persönliche Auseinandersetzungen zu relativieren. Hinter der coolen Fassade und dem irritierenden Verhalten verstecken sich große Ängste und Unsicherheiten. Vergleiche können helfen, eine gravierendere Störung zu erkennen. Trotzdem, Autoritätskrisen, Wutanfälle, Streunen, Trauergefühle gehören vielleicht zur Pubertät, bei regelmäßigem Weglaufen oder andauerndem tatenlosem Grübeln müssen wir jedoch alarmiert sein und an eine depressive Symptomatik denken.[44] Informationen über Entwicklungsverläufe während der Pubertät helfen, die familiären Stürme mit einer gewissen Gelassenheit zu ertragen und von pathologischen Entwicklungen zu trennen. Es ist »normal«, wenn der Sohn herumschreit und man als Mutter immer wieder Angstzustände erlebt, nicht »normal« hingegen ist, wenn die Tochter am Tisch kaum mehr isst, immer schwächer wird und exzessiv für die Schule büffelt. Die Pubertät ist eine Zeit der Krise. Da es jedoch wenig feste Richtwerte gibt, bleiben die Auseinandersetzungen mit den Jugendlichen eine Herausforderung, die wir auch persönlich annehmen müssen.

Normalitätsvorstellungen sind eine Möglichkeit, uns zu beruhigen. Wenn wir das Verhalten der Jugend knapp links oder rechts der Gaußschen Kurve einordnen können, dann muss es noch nicht so schlimm sein.[45] Durchschnittswerte, Resultate von Umfragen oder die Gaußsche Kurve drohen jedoch vom *eigentlichen Verhaltensbild* abzulenken. Der normale Jugendliche ist genauso eine Abstraktion wie der normale Erwachsene. Vergleiche beruhigen uns, meistens registrieren wir jedoch lediglich, was wir hören wollten. Wir kreieren Vorstellungen, um wenigstens geistig eine gewisse Ordnung herzustellen. Normalität ist jedoch eine Fiktion. Es gibt keine normalen Jugendlichen, wie es auch keine normalen Erwachsenen gibt, sondern nur Personen, die in einem definierten Beobachtungsbereich einer mathematischen Durchschnittsgröße entsprechen. Jeder Mensch zeichnet sich durch ein individuelles Profil aus. Normen ersetzen nicht die Auseinandersetzung mit dem einzelnen Menschen. Beim eigenen Sohn oder der eigenen Tochter verhält es sich immer anders als beim Durchschnittsjugendlichen. Menschen sind verschieden. Umfrageergebnisse und Durchschnittswerte helfen uns, das Allgemeine wahrzunehmen, doch dürfen wir dadurch nicht die Suche nach dem Besonderen im Gegenüber aufgeben.

Die Pubertät als Übergangsphase

Eine andere Möglichkeit ist: Wir sehen in der Pubertät ein *Übergangsstadium.*[46] Wir verzichten auf Normalitätsvorstellungen und sehen die Pubertät als Phase, in der ganz bestimmte Entwicklungsaufgaben gemeistert werden sollen:[47] einen Freundeskreis aufbauen, den eigenen Körper akzeptieren lernen, auf die Rollenerwartungen der Gesellschaft reagieren, Beziehungen zu einem Partner aufnehmen, mit der Sexualität umgehen können, berufliche Pläne schmieden, ein Selbstkonzept und eine eigene Weltanschauung entwickeln. Das Verhalten der Jugendlichen ist Ausdruck ihrer Bemühungen und Versuche, mit all diesen neuen Aufgaben fertigzuwerden. Die Jugendlichen sind eigentlich überfordert, da sie auf all diese Herausforderungen noch nicht adäquat zu reagieren vermögen. Sie sind nicht sie selber, sondern leben in einer *Zwischenwelt.* Ihre Identität und ihr Selbstwertgefühl ist fragil, weil das Coping[48] mit den neuen Problemen und Erwartungen im Vordergrund steht und am Selbstverständnis nagt. Die Jugendlichen werden kognitiv, in ihrem Denken, herausgefordert. Wir können diskret über das unmögliche Verhalten hinwegblicken und uns auf das konzentrieren, was sein wird. Wir können die Pubertät als Vorbereitungszeit auf die Erwachsenenrolle verstehen. Die Jugendlichen leben halt in zwei Welten. Sie sind emotional in der Kindheit verankert, geistig jedoch fasziniert von der Welt dort draußen und ihren Aufgaben. Verhaltensweisen der Erwachsenenwelt werden ausprobiert und assimiliert. Pubertierende Jugendliche bereiten sich auf ihren Auftritt in der Gesellschaft vor. Sie antizipieren äußere Möglichkeiten und tasten sich an eigene Fähigkeiten heran. Wenn ihr Verhalten auf uns störend oder irritierend wirkt, dann möchten sie eigentlich Anweisungen hören und die Richtlinien der Kultur ausloten. Sie experimentieren mit sich selber, damit sie wissen, wer sie sind.

Mut zur Abgrenzung von der Jugend

Unsere Aufgabe ist es, zu reagieren und an die *Basiswerte* unserer Gesellschaft zu erinnern. Wir müssen das Verhalten und die Leistungen der Adoleszenten aus *Erwachsenensicht* bewerten. Dem jugendlichen Übermut und Aufbegehren muss die Stirn geboten werden, da nur so die Probehandlungen der Jugendlichen Sinn machen. Wenn wir auf die Regeln und Normen unserer Gesellschaft pochen, dann schaffen die Jugendlichen vielleicht den Übergang in die Erwachsenenwelt leichter. In der Schule wird auf die Bedeutung der Pünktlichkeit verwiesen, zu Hause auf Ordnung, Umgangsformen und

Anstand. Die Erwachsenen verkörpern die kulturellen Rahmenbedingungen, die den Jugendlichen Probehandlungen möglich machen. Unsere Reaktionen machen den Jugendlichen die Werte unserer Kultur bewusst. Wie im Kapitel »Die Eltern als archetypische Leitfiguren« erklärt wird, personalisieren die Erwachsenen die Werte, auf die sich das jeweilige System abstützt und die Jugendliche erfahren möchten.

Die Jugendlichen müssen einen Freundeskreis aufbauen. Gegen das Erfassen der Jugendlichen durch Normen oder das Erinnern an die Richtwerte unserer Kultur ist nichts einzuwenden. Wir müssen sowohl versuchen, das Verhalten der Pubertierenden einzuordnen, wie es in Bezug zu unseren Werten zu setzen. Wichtig ist jedoch, dass wir dadurch den Blick für die *psychologische Bedeutung* des irritierenden und frechen Verhaltens nicht verlieren. Auf Provokationen, Grenzüberschreitungen und Stimmungsschwankungen können wir nicht nur mit der normativen Brille oder dem Hinweis auf die Richtwerte unserer Kultur reagieren, sondern wir müssen uns fragen, welches der *tiefere Sinn* der emotionalen Umwälzungen und des Aufbegehrens ist. Jugendliche sind nicht einfach mühsam, unbeholfen oder im Versuch, gesellschaftliche Herausforderungen zu bewältigen, störrisch, sondern sie müssen aus *seelischer* Notwendigkeit die Erwachsenen irritieren. Sie werden von Gefühlen überschwemmt und müssen die Welt in Frage stellen, weil eine *innere Dynamik* sie dazu zwingt. Wenn sie anti-bürgerliche Vorbilder wählen, dann folgen sie damit einem *psychologischen Skript.* Neue Kräfte drängen an und verändern die Perspektive ihres Daseins.

»Ich bin geboren worden,
ohne vorher gefragt zu werden,
ob ich will.
Mir hat man ein Leben geschenkt,
ohne mich vorher zu fragen,
ob ich leben will.
An mir hat man Freude,
ohne mich vorher zu fragen,
ob ich mich freuen will, freuen kann.
Ich wurde in Liebe großgezogen,
ohne vorher gefragt zu werden,
ob ich lieben will oder kann.
Ich werde eines Tages sterben,
ohne vorher gefragt zu werden,
ob ich sterben will.«[49]

Schülerin, sechzehnjährig

In diesem Text kommt wunderbar zum Ausdruck, was die pubertierenden Jugendlichen umtreibt. In ihrer eigenen Wahrnehmung geht es nicht primär um Provokationen oder Irritation der Eltern und Lehrpersonen, sondern sie werden mit einer für sie neuen Dimension des Seins konfrontiert: Ihre *Seele* meldet sich als kraftvolle, berauschende und beängstigende innere Wirklichkeit. Pubertierende Jugendliche erleben, dass sie nicht nur denken, wahrnehmen, fühlen und empfinden, sondern *innerlichen Kräften* ausgesetzt sind. Sie erfahren, was man früher die *Innerlichkeit*[50] nannte: Dass es Energien gibt, die von *innen* her das Dasein durchdringen, denen man ausgeliefert ist und die nicht mehr zivilisierbar erscheinen. Die Pubertät führt die Jugendlichen in die Tiefe ihres eigenen

Unbewussten: zu jenen Kräften der Persönlichkeit, deren Auswirkungen wir wohl spüren, die uns jedoch nicht immer durch unser Bewusstsein zugänglich sind. Das Ausgesetzt-Sein und Ringen mit innerlichen Mächten macht die Pubertät zu einem unheimlichen und gleichzeitig faszinierenden Erlebnis. Die Jugendzeit ist nicht nur eine Phase des Rollenexperiments oder der Ablösung von den Eltern, sondern der Beginn einer chthonischen Hadesfahrt. Diese Reise in die Unterwelt bringt Energien und Dämonen zum Vorschein, die oft von der Kultur nicht beachtet werden: Fantasien, Aggressionen und Leidenschaften brechen auf, die in kein Schulcurriculum aufgenommen wurden. Die Pubertät konfrontiert Jugendliche mit der machtvollen Autonomie seelischer Prozesse. Plötzlich wird etwas mit ihnen gemacht, bestimmt von innen her die Befindlichkeit und das Denken. Sie schwärmen für einen Altersgenossen oder für Stars, regen sich übermäßig über eine Lehrperson auf, diskutieren nächtelang über abstrakte Themen oder persönliche Fragen oder fühlen sich von negativen Kräften zu Boden gedrückt. Dämonen treiben mit ihnen ihr Spiel und provozieren unüberlegte, blödsinnige oder gefährliche Aktionen: Kurz bevor man den Führerschein bekommt, lenkt man betrunken den Wagen des Kollegen durch den Wald, oder vor der Schule wird gekifft, obwohl dies harte Sanktionen nach sich ziehen könnte. Die Dämonen verfolgen eigenständige Ziele. Der Pubertierende kann dann gar nicht anders, als sich unangepasst zu verhalten. Die innerlich andrängenden Mächte kümmern sich wenig um die Gesetze der Oberwelt. Das Dasein wird durch diese Mächte verzaubert oder in eine Hölle verwandelt. Meistens verstehen die Jugendlichen nicht, was in ihnen vorgeht. Zwar wissen sie vielleicht etwas über hormonelle Veränderungen, die Akzeleration und die Folgen der körperlichen Entwicklung, doch was *ihre Seele* mit ihnen vorhat, bleibt ihnen ein Rätsel. Jugendliche hören zwar Ratschläge zur Sexualität, zu Beziehungen oder zum Umgang mit Depressionen, aber wie das Erleben dieser transzendenten Mächte ist, kann nicht kommuniziert werden. Der junge Mensch ahnt, dass seine Seele anderen Gesetzmäßigkeiten folgt. Die Seele gehorcht den Gesetzen der Unterwelt und ignoriert die in der Oberwelt aufgestellten Richtlinien.

Die Macht der Seele zeigt sich auch in den ersten, oft sehr romantischen Liebeserfahrungen. Die jugendliche Seele wird leicht und schnell aufgeregt und aufgewühlt. Jugendliche schwören einander ewige Liebe und vor allem Mädchen beginnen, Tagebücher zu schreiben. Von außen betrachtet hat man das Gefühl, dass die kognitive Aufnahmefähigkeit die von innen andrängenden Emotionen übersteigt.[51] Aus diesem Grund kann es immer wieder zu emotionalen Abstürzen, Liebeskummer oder einem generellen Rückzug kommen.

Die Macht seelischer Phänomene erleben Jugendliche auch durch *paranormale Erlebnisse.*[52] Sie machen Erfahrungen, die sie rational nicht erklären können. Oft haben sie das Gefühl, sie können die Zukunft voraussehen. Ein siebzehnjähriges Mädchen träumte, dass sie einen südamerikanischen Jugendlichen mit Namen Felipe treffen werde. Ganz deutlich sah sie im Traum sein Gesicht und seine schwarzen Locken. Zwei Wochen später wird ihr tatsächlich ein Austauschstudent mit diesem Namen und äußerem Erscheinungsbild vorgestellt.[53] Neben solchen Präkognitionen erleben Jugendliche eigenartige Zufälle: Ein vierzehnjähriger Jugendlicher schlendert an einer Telefonkabine vorbei. Das Telefon läutet, ohne dass jemand in Sicht ist, der den Hörer abnehmen könnte. Zögernd ergreift er den Hörer und spricht in die Muschel. Zu seinem großen Erstaunen vernimmt er die Stimme seines jüngeren Bruders. Wieso telefoniert sein Bruder in diese ihm unbekannte Telefonkabine? Es stellt sich heraus, dass sein Bruder zu Hause mit dem Telefon herumgespielt und die Repetiertaste gedrückt hatte. Er wurde mit der öffentlichen Sprechzelle verbunden, aus der tags zuvor ein Bekannter der Familie telefoniert hatte.[54] Solche und ähnliche Erlebnisse beschäftigen viele Jugendliche. In Beziehungen zu Freundinnen oder Freunden werden Gleichzeitigkeiten, so genannte Synchronizitäten, erlebt, die normale Gesetzmäßigkeiten und Zusammenhänge auf den Kopf stellen: Postkarten mit fast identischem Inhalt werden von verschiedenen Ferienorten geschrieben, man spricht von einer Kollegin und in diesem Moment meldet sie sich am Telefon oder man spürt es genau, als eine Kollegin einen Unfall hat. Jugendliche machen Erfahrungen, die das traditionelle Weltbild in Frage stellen und rational nicht erklärbar sind. Meistens interpretieren sie diese Erlebnisse als Zeichen, dass es mehr auf der Welt gibt, als man mit den Augen sehen, den Ohren hören und den Händen ertasten kann. Solche *außersinnlichen Erfahrungen* weisen auf fremde Mächte in der Seele hin. Der junge Mensch wird mit der Seele in ihrer ganzen Widersprüchlichkeit und ihren unheimlichen Qualitäten konfrontiert. Sie zeigt ihnen in Verbindungen und Zusammenhängen, die rational nicht erklärbar sind, Phänomene, die erstaunen, erschrecken oder irritieren.

Die Gefühlsschwankungen, die Energien, die außersinnlichen Erlebnisse und speziellen Vorbilder sind Hinweise, dass die Jugendlichen mit ihrer Seele Verbindung aufnehmen. Die Vielschichtigkeit, die Dämonie, die Faszination und die Widersprüchlichkeit seelischen Lebens wird erstmals in ihrer ganzen Breite erlebt. Das Mysterium seelischer Kräfte stellt sich vor und relativiert Normen, Werte und Rollen der Gesellschaft. Diese inneren Dynamiken ziehen die Jugendlichen in ihren Bann. Sie äußern sich über Gefühle, Aggressionen, Attraktionen, die auf andere Personen oder Szenen projiziert werden. Die Hinwendung zu dieser inneren Szene kann zur Folge haben, dass das Interesse an der Lehre, dem Bestehen der Schule oder der eigenen Karriere nachlässt. Dem Nachspüren eigener Fantasien und körperlicher Empfindungen wird Priorität gegeben. Die Seele verlangt nach Zuwendung, die Außenwelt kann warten. Während der Pubertät will der junge Mensch sich selber entdecken und erfahren, wer er ist. Es geht jedoch nicht nur um ein Ausprobieren der eigenen zukünftigen Rolle, sondern auch um eine Wende nach innen. Die Außenwelt ist sekundär, was innerlich abläuft, wird wichtig. Jugendliche wirken darum auf uns oft in ihrer Selbstbeschäftigung narzisstisch. In grandioser Selbstüberschätzung glauben sie, dass die Welt sich nach ihnen richten soll und die Gesellschaft genau auf sie gewartet hat. Da wir Erwachsene uns oft von diesen Dimensionen unseres Seins entfernt haben, können wir die unglaubliche Dynamik und die Faszination für dieses seelische Erleben nicht mehr nachvollziehen. Viele Jugendliche ringen mit sich selber und stellen sich den Höhen und Tiefen des eigenen Unbewussten; was draußen abläuft, wird nebensächlich. Da die Seele andere Gesetzmäßigkeiten kennt, als unser vorherrschendes rationales Weltbild zulässt, löst dies bei etlichen Jugendlichen Verunsicherung und Verzweiflung aus. Wieso habe ich das Gefühl der Seelenverwandtschaft mit einer Freundin? Wieso träume ich Ereignisse voraus? Was spüre ich an Kollegen, ohne dass ich es mit Worten ausdrücken kann? Die Seele will beachtet werden.

Blödeln als Schutz

Die überwiegende Mehrzahl der Pubertierenden fühlt sich immer noch mit den Lehrpersonen und den Eltern verbunden. Da jedoch die Auseinandersetzung mit sich selbst, die chthonische Hadesfahrt Priorität hat, müssen sie sich von Einflüssen der Außenwelt und gutgemeinten Ratschlägen abschirmen. Die familiären Bezugspersonen sind immer noch sehr wichtig. Um sich zu distanzieren und nicht zu sehr in Beziehung mit den Erwachsenen zu treten, setzen Jugendliche das Blödeln ein. Sie regen die Erwachsenen auf, damit eine Barriere zwischen der Erwachsenen- und Jugendwelt aufgebaut wird, hinter der sie sich verstecken. Der innere Plan will verwirklicht werden, die Familie rückt in den Hintergrund. Da das innere Drama Aufmerksamkeit verlangt, wenden sich die Jugendlichen von der Erziehung ab. Sie brauchen ihre Energien für die egozentrische Selbstentfaltung. Die Entdeckung der Person, ihre Seele steht für sie im Zentrum und nicht das Bestehen einer Aufnahmeprüfung oder anständiges Verhalten am Tisch. Sie selber haben das Gefühl, die Zeit der Anpassung an kulturelle und familiäre Normen sei vorbei: Nun folgt die Anpassung nach innen und die Erforschung der Außenwelt. Durch das provokative Verhalten, den Rückzug, den Protest, die Ausrichtung auf ihre eigene Subkultur versuchen sie sich dem Sozialisationsdruck und dem Terror der Normalität zu entziehen. Was »richtig« ist, bleibt Nebensache. Die Seele will beachtet werden und dem individuellen Persönlichkeitsprofil muss man sich widmen. Was die Eltern sagen, die Schule fordert, wird aus innerer Notwendigkeit abgelehnt oder stark relativiert. Nicht Anpassung ist das Thema, sondern die Extratour, das Spezielle oder Abnormale.

Wenn sich pubertierende Jugendliche mit den Figuren der

World of Warcraft identifizieren, sich wieder als Pippi Langstrumpf sehen oder sich mit in ihrer Lebenswelt nicht präsenten Stars identifizieren, dann drücken sie damit ihre Suche nach Freiraum aus. Die Identifikation mit bizarren Figuren oder Außenseitern hilft ihnen, den Normalitätsdruck zu relativieren. Rülpsen, Gröhlen, Blöde-Witze-Reißen, Lümmeln, Kichern, Kiffen oder Rauchen ist wichtig, weil dadurch die Werte, mit denen sie sich bewusst identifizieren, in den Hintergrund treten. Die Versuchung, sich anzupassen, wird abgewehrt. Aus der Sicht vieler Jugendlicher ist der Erwerb zusätzlicher Kompetenzen oder die Erfüllung schulischer Leistungsanforderungen etwas für Langweiler. Aus ihrer Sicht verfügen jene strebsamen Kollegen und Kolleginnen, die sich den Normalitätsvorstellungen fügen und die schulischen Herausforderungen annehmen, über wenig Innenleben und werden nicht von der leidenschaftlichen Suche nach sich selber getrieben.

Das Versagen der Entwicklungsnormen

Weil die Suche nach der eigenen Individualität ins Zentrum rückt, greifen normierte Entwicklungsverläufe meistens zu kurz. Es ist schwierig, gültige Aussagen über das normale Verhalten Pubertierender zu machen, weil ja gerade alles Normale in Frage gestellt werden will. Aussagen zum typischen Verhalten Jugendlicher drohen darum sehr rasch zu veralten. Die Anpassung nach innen steht im Vordergrund, und diese kümmert sich weder um Normen noch um die Moral. Je nach Kontext und elterlichem Verhalten inszenieren die Pubertierenden ihre Rebellion anders. Die Gruppe Gleichaltriger wird wichtig, da diese eine subkulturelle

Gegenwelt ermöglicht. Für solche Jugendliche sind die Chats und Bilder auf What's App, Facebook oder Instagram wichtig. Sie verbringen Stunden vor dem Computer, weil sie mit ihren Kollegen und Kolleginnen in Kontakt bleiben wollen. Die modernen Kommunikationsmittel ermöglichen ihnen permanent mit der Welt ihrer Altersgruppe verbunden zu bleiben und an der eigenen Identität zu basteln.[55] Andere Jugendliche tauchen in virtuelle Gegenwelten ein, die ihnen durch Games und das Surfen im Internet vermittelt werden. Abgrenzung wird auch durch Kleidung und Freizeitaktivitäten markiert. War es im Mittelalter das provozierende Tragen von Schnabelschuhen, so waren es in den Sechzigerjahren die Beatles-Frisuren oder heute der Glatzkopf oder gefärbte Haare. Der seelische Selbstfindungsprozess braucht einen halbchaotischen, unzivilisierten Raum, um sich zu manifestieren. Die Jugendlichen machen eine Entdeckungsreise zu den Tiefen ihrer Seele.[56] Die Gefahr der Erziehung ist, dass sie diesen inneren Kampf ignoriert und nur das Verhalten oder die Leistungen der Jugend im Auge hat. Wir registrieren ihre Rebellion und übersehen, dass sich hinter dem abweichenden Verhalten die Suche nach dem Sinn ihres Seins verbirgt. Während der Pubertät ist Abtauchen angesagt.

Archetypische Jugendentwicklung

Die Zielgerichtetheit der Seele

Gültiges über die Seele des Menschen zu schreiben, ist nicht einfach. Als Psychologe wird man trainiert, keine Behauptungen oder Spekulationen über den Menschen aufzustellen, sondern sich an die Fakten zu halten. Meistens wird darunter die wissenschaftliche Überprüfung einer Aussage verstanden. Sie muss empirisch abgestützt, valide sein, damit sie psychologische Gültigkeit erreicht. Es muss zwingend bewiesen werden, dass Ereignis A einen Zusammenhang mit dem Ereignis B hat. Zum Beispiel: Man möchte beweisen, dass Jugendliche, die zu Hause autoritär erzogen werden (Ereignis A), größere Schwierigkeiten in der Schule haben (Ereignis B) als solche, die eine demokratische Erziehung genießen. Der Erziehungsstil soll also einen Einfluss auf das Verhalten in der Schule und eventuell sogar auf die Persönlichkeit des Jugendlichen haben. Das Problem solcher empirisch überprüften Aussagen liegt jedoch auf verschiedenen Ebenen: Um eine allgemeingültige Aussage zu machen, müssen wir die Komplexität von Verhaltensweisen vereinfachen. Gibt es überhaupt so etwas wie Erziehungsstile, können wir die Interaktionen zwischen Erwachsenen und Jugendlichen so stark typisieren? Wir müssen das elterliche Erziehungsverhalten kategorisieren, damit wir einen Vergleich anstellen können. Die Verhaltensweisen der Eltern müssen in der betreffenden

Kategorie eine Einheitlichkeit aufweisen. Das Gleiche passiert auf der Ebene der Jugendlichen. Auch hier brauchen wir genaue Beobachtungseinheiten. »Schwierigkeiten in der Schule« muss durch beobachtbare Items operationalisiert werden. Heißt jedoch »Schwierigkeiten in der Schule« soviel wie Probleme auf der Leistungsebene, im Kontakt zu anderen Kindern oder mit sich selber? Das Abstraktum »Erziehungsstil« wird mit dem Konstrukt »Schwierigkeiten in der Schule« verglichen. Beide Male wird ein Schritt weg von der komplexen Realität psychischen Lebens gemacht. Das Leben wird grobkörnig wahrgenommen, damit Zusammenhänge ersichtlich werden. Nehmen wir jedoch an, dass man tatsächlich typisches Verhalten von Eltern und Jugendlichen erfassen kann. Bei beiden Begriffen ist es denkbar, dass klare Beobachtungseinheiten definiert werden, die einen Bezug zu der Kategorie haben, die man messen möchte. Autoritärer Erziehungsstil könnte am Verlauf familiärer Entscheidungsprozesse oder dem Vorhandensein körperlicher Übergriffe gemessen werden. Die Frage bleibt, welches der psychologische Zusammenhang zwischen Erziehungsstil und Verhalten der Kinder ist. Meistens wird ein *kausaler Zusammenhang* postuliert. Der Erziehungsstil wirkt sich auf das Verhalten in der Schule aus. Das Verhalten in der Schule ist eine Nachwirkung des Erziehungsstils. Aus diesem Grund wird gemessen und werden statistische Verfahren eingesetzt.[57] Die Seele lebt nicht nur in Kausalbezügen und Reaktionen auf äußere Ereignisse, sondern strebt auch eigenständig *Ziele* an. Es ist auch denkbar, dass die Kinder oder Jugendlichen das autoritäre Verhalten *selber* provoziert haben. Ein Sohn haut immer wieder über die Schnur und will sich nicht anpassen, damit er schließlich sagen kann, dass seine Eltern autoritär sind. Aus einer inneren Notwendigkeit erschafft er sich autoritäre Eltern.[58] Der Erziehungsstil wäre somit nicht eine gegebene Größe, sondern auch Ausdruck der Beziehung zwischen Erwachsenen und Kindern. Während ein Jugendlicher durch sein Verhalten und seine Persönlichkeit bei seinen Eltern autoritäre Reaktionen auslöst, bildet sich bei einem anderen Jugendlichen, sogar bei den gleichen Eltern, ein Laissez-faire-Stil heraus. Er ermöglicht es den Eltern, einen anderen Erziehungsstil zu praktizieren.[59] Die Verhaltens- und Reaktionsweisen der Erwachsenen sind nicht eine feste Größe, sondern Ausdruck davon, was zwischen Jugendlichen und ihren Eltern abläuft. Jugendliche werden nicht einfach durch die Erwachsenen geprägt, sondern die Interaktion zwischen Erwachsenen und Jugendlichen führt zu je spezifischen Verhaltens- und Erlebnisweisen. Die seelischen Zusammenhänge zwischen Eltern und Jugendlichen sind vielschichtig und lassen sich nur sehr beschränkt durch Kausalbezüge erfassen.

Unser Verhalten ist nicht nur Ausdruck von dem, was wir erlebt haben, oder eine Funktion des Systems, dem wir angehören, sondern folgt auch *eigenen* Gesetzmäßigkeiten und Zielen. Gewisse Jugendliche suchen unbewusst autoritäre Eltern und Schwierigkeiten in der Schule. Ihre innere Thematik setzt die Szene. Die Ereignisse zu Hause und in der Schule sind also nicht einfach ein Fehler, sondern beides wurde von der Seele arrangiert. Ein Jugendlicher braucht vielleicht den wütenden Vater und die besorgte Lehrerin, damit er sich seelisch weiterentwickeln kann und zu sich selber findet, während eine andere Jugendliche die sorgenvolle, empathische Mutter und den nachsichtigen Lehrer für sich benötigt. Jugendliche sind nicht einfach ein Produkt der Familie und Umgebung, sondern sie *gestalten* sich auch ihre Umgebung und prägen die Eltern. Oft ist das Verhalten der Jugendlichen auf ein unbewusstes Ziel ausgerichtet. Was zu Hause passiert, wie die Eltern reagieren und erziehen, wird von den Kindern oder Jugendlichen mitgesteuert. Nicht immer sind es die Erwachsenen, die diese oder jene Verhaltensweise bei den Kindern auslösen, sondern es ist genauso möglich, dass das Profil der Eltern von den Kindern oder Jugendlichen bestimmt worden ist.

Seelische Prozesse können wir aus mindestens *zwei Perspektiven* sehen. Was wir tun, fühlen, denken und fantasieren, mag eine Folge eines anderen Ereignisses sein; ebenso gut ist es möglich, dass die vorhergehenden Ereignisse der Vorbereitung dienten. Wenn wir aus Missmut den Partner anschnauzen, dann ist dieses Verhalten nicht nur das Resultat von Stress, einer schlechten Woche oder – wenn wir tiefer gehen – einer problematischen Prägung während der Kindheit, sondern vielleicht hat unsere Seele die Wochen schlecht werden lassen, haben wir uns gestresst, damit wir schlussendlich mit dem Partner schimpfen. Der aggressive Akt ist nicht einfach die Folge verschiedener Ereignisse, sondern ist von der Seele beabsichtigt worden. Wir haben die Umwelt so arrangiert, dass wir aggressiv sein und den Partner ärgern können. Weder das Verhalten des Partners noch die schlechte Woche ist schuld, sondern die Seele arrangiert einen verbalen Ausbruch. Die bösen Worte sind also nicht einfach ein Fehler oder das Resultat einer Kette von misslichen Ereignissen, sondern die Seele hat all diese Ereignisse organisiert, damit endlich böse Worte fallen. Autoritäre Eltern können also der Grund für die Schwierigkeiten in der Schule sein, ebenso möglich ist jedoch, dass beides arrangiert wurde, damit sich eine Absicht des Unbewussten durchsetzen kann.

Wenn wir uns mit der Jugend befassen, dann müssen wir diese Zielgerichtetheit seelischer Prozesse im Auge behalten. Das mühsame Verhalten, die Schwierigkeiten zu Hause, die Probleme, die Jugendliche mit sich selber haben, das Umge-

triebensein und die Aufmüpfigkeit sind nicht nur das Resultat der Umwelt, körperlicher Umwandlungen, der Erziehung oder sozio-kultureller Erwartungen, sondern die Jugendlichen versuchen eine Szene so zu gestalten, dass ein unbewusster Plan realisiert werden kann. Die Seele visiert ein Ziel an. Hinter dem Verhalten der Jugendlichen verbirgt sich auch die Absicht, einem persönlichen Skript zum Durchbruch zu verhelfen. Während der Pubertät tasten sich die Jugendlichen an ihren Lebensplan heran.

Diese unbewusste Zielgerichtetheit der Seele erfassen wir durch den Begriff *Archetyp.* Darunter verstehen wir eine Determinante seelischen Lebens, eine angeborene Möglichkeit seelischen Erlebens. Sie bestimmt die Einstellung, durch die jemand den Herausforderungen des Lebens, des Berufes und der Ausbildung begegnet. Bei den Archetypen handelt es sich nicht um von außen festgelegte Rollen, sondern um Verhaltensmuster, die von *innen* andrängen. Die Außenwelt fügt sich oft sogar dem Archetyp. Er lenkt das Leben in eine bestimmte Richtung und arrangiert das Dasein, prägt Beziehungen, die Berufswahl und die persönliche Lebensgestaltung. Archetypen müssen wir uns als Strukturelemente oder Dispositionen der Seele vorstellen: virtuelle Bilder, die durch das Leben gefüllt werden. Archetypen sind *universale Dispositionen des Geistes und der Emotionen.* Diese sind historisch gewachsen und umfassen somit den Erfahrungsschatz der Menschheit.[60] Der Archetyp ist der Niederschlag der Erfahrungen unserer Ahnen in einem bestimmten Verhaltensbereich. Er bietet sich im Unbewussten als psychische Erlebnis- und Verhaltensmöglichkeiten an. Mit den Archetypen tragen wir ein Stück Menschheitsgeschichte in uns.

Das Archetypische lässt sich hinter typischen Verhaltens- und Erlebnisweisen von Menschen erkennen. Bestimmte, kulturell sich wiederholende Herausforderungen bringen archetypische Muster zum Vorschein: Wenn eine Frau sich Kindern widmet, kann der Archetyp der Mutter durchdringen. Sie verhält sich dann schützend, nährend, pflegend, versucht jedoch auch ihre Kinder zu kontrollieren und will sie in ihrem Machtbereich wissen. Eigenschaften dringen durch, die nicht durch einen Lehrgang antrainiert oder kulturell vorgeschrieben sind, sondern genetische oder psycho-historische Wurzeln haben. Ein Archetyp übernimmt die Führung und lenkt die Art, wie die Herausforderung »Für ein Kind sorgen« gemeistert wird. Die Mutterschaft oder Betreuungsaufgaben können den Archetyp Mutter aktivieren, ebenso gut ist es jedoch möglich, dass die gleiche Aufgabe mit Hilfe eines anderen Verhaltensmusters bewältigt wird. Die betreffende Person betreut die Kinder dann nicht als Mutter, sondern vielleicht als Schwester, als Kumpel oder Begleiterin. Sie (oder er) identifiziert sich seelisch nicht mit dem Archetyp Mutter, sondern löst die Herausforderung »Ein Kind haben« über einen anderen Archetyp. Archetypen dürfen wir nicht mit Rollen verwechseln. Rollen werden von einem Gesellschaftssystem festgelegt. Der Archetyp betrifft die *Innenstruktur* des Menschen und bezieht sich nicht auf eine soziologische Aufgabe.

Während der Pubertät präsentiert sich den Jugendlichen der eigene archetypische Plan. Sie machen erste Erfahrungen mit dem psychologischen Typ, den sie leben können. Die persönliche Bestimmung spiegelt sich in Fantasien über das eigene Leben wider, drückt sich im Verhalten aus und in den Szenen, die sie bilden oder die die Jugendlichen aufsuchen. Meistens geht von bestimmten Archetypen eine eigenartige Faszination aus. Drängt es einen Jugendlichen zum Beispiel zum Archetyp des Helden, so fühlt er sich fast magisch angezogen von Szenen, Bildern, Fantasien oder Filmen, wo sich das Heldische manifestiert. Er sieht das Leben als einen Kampf, will sich messen und bewähren. Seine Eltern zieht er in heftige Auseinandersetzungen hinein und in der Schule fordert er die Lehrpersonen heraus. Der Held (oder die Heldin) will sich für etwas einsetzen, für etwas kämpfen, Widerstände überwinden und für Ideen einstehen. Das Heldische hat für ihn oder sie eine fast numinose Qualität. Solche Jugendlichen sehen im heldischen Dasein eine Berufung. Ein anderer möglicher Archetyp ist der Trickser. Sie oder er versucht, Menschen zu verzaubern, Situationen zu manipulieren und Täuschungen einzusetzen, um Ziele zu erreichen oder Probleme zu lösen. Diese Jugendlichen sind fasziniert von ambivalenten Situationen, von Reisen, von Arrangements und cleveren Tricks. Sie sind Player, die ihre Mitmenschen anregen und für ihre Pläne mobilisieren.

Während der Pubertät setzen sich die Jugendlichen mit ihren archetypischen Möglichkeiten auseinander. Einerseits entdecken sie Kultur, andererseits ihre inneren Entfaltungsmöglichkeiten. Der Archetyp, der sich vorher im Erlebnisraum Familie und Schule andeutete, erobert die Welt dort draußen. Jugendliche beginnen sich mit archetypischen Verhaltens- und Erlebnismustern auseinanderzusetzen. Sie erleben sich als Held, Opfer, Beziehungsstifterin oder vielleicht als Streber oder Außenseiter.

Mit dem Wort Archetyp wird auch ausgedrückt, dass diese immanenten Verhaltensweisen oft *nicht* durch kulturelle Rollen oder die jeweilige Familientradition unterstützt werden. Nicht jeder Archetyp wird durch den Zeitgeist getragen. Das Bewusstsein passt sich meistens dem Archetyp an, der sich innerlich herausbildet. Vor dem Zweiten Weltkrieg schworen in Oxford Studenten dem Krieg ab. Sie gelobten, nie mehr in irgendeinen Krieg zu ziehen. Dieselben Studenten meldeten sich nach Ausbruch des Krieges freiwillig bei der Royal Air Force und kamen größtenteils um. Innerlich hatte sich ihr Bewusstsein mit einem anderen Archetyp identifiziert.

Die Zielgerichtetheit des Archetyps drückt sich in persönlichen Fantasien aus: »Später möchte ich einmal ein Haus haben und eine Fabrik!«, »Ich will es vor allem voll easy haben«, »Ich möchte einmal eine Aufgabe, wo ich Menschen helfen kann«. Die Fantasien und locker hingeworfenen Lebenspläne geben einen Hinweis, was die Jugendlichen in der Tiefe ihrer Seele bewegt, von welchen Kräften sie umtrieben werden. Viele dieser Fantasien sind Reaktionen auf entsprechendes Interesse der Erwachsenen, einige deuten jedoch darauf hin, dass die Jugendlichen selber merken, wohin es sie zieht. Sie spüren, welches der Sinn und die Aufgaben ihres Lebens sein könnten. Durch ihre Krise werden sie mit einigen möglichen Entwicklungslinien konfrontiert. Ein sechzehnjähriger Schüler meint selbstsicher, er werde später einmal wichtige Bücher schreiben, und ein sechzehnjähriges Mädchen sieht sich in Kanada wohnen. Oft sind die Jugendlichen nicht in der Situation, ihre Fantasien auszudrücken, und die meisten der andrängenden Fantasien verwirklichen sich später nicht. Sie drücken jedoch die erhöhte Aktivität der Seele und einen möglichen Lebensweg aus. Da der pubertierende Jugendliche mit seiner Seele konfrontiert wird, spürt er mögliche seelische Entwicklungen.

Mit Beginn der Pubertät werden die Archetypen zu wichtigen inneren Bezugsgrößen. Jugendliche richten sich nicht mehr nur nach den Ideen und Vorstellungen der Eltern und der Schule, sondern andere Kräfte mischen mit. Oft kommt es deswegen zu Meinungsverschiedenheiten mit den Eltern. Jugendliche beginnen sich selber zu bestimmen. Ihr Fehlverhalten kann auch als Versuch verstanden werden, die Umwelt nach dem eigenen Muster zu manipulieren. Auf diese Weise kann sich der Jugendliche dem Anpassungsdruck, dem er (oder sie) seit der Kindheit ausgesetzt war, entziehen und der Verwirklichung eigener Ziele widmen.

Auf den nächsten Seiten werden einige Archetypen vorgestellt, die bei Jugendlichen häufig vorkommen. Es handelt sich jedoch nicht um eine abschließende Typologie. Wir können die Persönlichkeiten der Jugendlichen nicht auf diese fünf Archetypen reduzieren. Diese vier Beispiele sollen uns helfen, den Jugendlichen nicht durch eine Norm zu erfassen, sondern die Persönlichkeiten in ihrer archetypischen Breite zu verstehen. Es gibt ganz viele verschiedene Entwicklungsverläufe während der Pubertät und Adoleszenz. *Den* Jugendlichen an sich gibt es genauso wenig, wie es *den* Erwachsenen gibt. Wenn wir die Jugend jedoch in ihrer archetypischen Breite wahrnehmen, dann besteht die Chance, dass wir für die Verschiedenartigkeit der Persönlichkeiten Platz einräumen. Wir müssen uns die Archetypen als Leitbilder vorstellen, die uns als Vater, Mutter oder Lehrperson helfen, den jungen Menschen in seiner Einzigartigkeit zu verstehen. Sie dienen uns als gedankliches Konstrukt auf dem schwierigen Weg zur Entschlüsselung der Persönlichkeit des jungen Menschen und sollen nicht für abschließende Klassifizierungen missbraucht werden. Es gibt keine Helden, Primadonnen oder Schelme, es gibt jedoch junge Menschen, die sich durch entsprechende Mythen und Verhaltensmuster steuern lassen.

Der Nutzen einer solchen Betrachtungsweise besteht darin, dass sie uns Bilder liefert, um die Welt der Jugend zu verstehen. Das Mysterium der Seele gilt es zu ergründen und dazu brauchen wir eine Psychologie, die plausibel und auf den Erzieher- und Therapiealltag übertragbar ist. Eine komplizierte Theorie, die nur unter großer geistiger Anstrengung verstehbar wird, nutzt der Praxis wenig. Psychologie sollte verständlich sein und Bilder liefern, auf die man sich abstützen kann.

Der Held: Aufbruch zu neuen Ufern

»Die Mauer lag genau auf der Grenze zwischen unserem Dorf und der Nachbargemeinde. Ich dachte mir, dass ich die Seite, die zum Nachbardorf zeigt, gut besprayen kann. Ich weiß, dass in jener Gemeinde Sprayer nicht angezeigt werden. Sie haben auch keine Patrouillen aufgestellt. In unserer Gemeinde spinnen sie, irgendeine politische Anti-Sprayer-Aktion oder so, total daneben. Ich finde hingegen, unbesprayte Wände sind eine Beleidigung für die Menschheit! Von mir und meinen Kollegen wird jede Wand besprayt, außer Kirchenwände natürlich, das machen nur die Balser. Leider hat es letzten Montag nicht geklappt. Als wir, morgens um vier, eine hässliche Mauer mit unseren Tags verschönerten, tauchten aus dem Nichts zwei völlig bescheuerte Überwachertypen auf. Meinen Kollegen haben sie gepackt, ich konnte davonrennen. Da ich meinen Kollegen nicht im Stich lassen wollte, bin ich zurückgekehrt. Ich wollte ihm zu Hilfe eilen, wurde jedoch prompt auch gefasst! In der Schule und zu Hause gab es anschließend große Schwierigkeiten. Meine Mutter, die berufstätig ist und jene Nacht bei ihrem Freund verbracht hat, wurde fast hysterisch. Ich finde jedoch, es ist doch nichts dabei! Es gibt doch viel Schlimmeres! Unsere Lehrer und Lehrerinnen begannen noch mehr auf uns einzuquasseln. Man drohte mir sogar mit einem Schulausschluss, angeblich soll ich auf dem Schulgelände Hasch angeboten haben! Absolut unwahr! Einen Teil der Reinigungsarbeiten für die Mauer hätten wir auch bezahlen müssen, total absurd. So etwas kann auch nur in unserer Gemeinde vorkommen.«

Bericht eines vierzehnjährigen Jungen, der seinen Eltern, Lehrpersonen und der Umgebung durch seine nächtlichen Sprayaktionen viel Ärger bereitete. Auffallend bei ihm ist, wie es ihn nach draußen zieht, wie ihn die Nacht und die verbotenen Aktionen faszinieren. Zusammen mit einem Kollegen oder alleine schlich er durchs Dorf, suchte freie oder kaum besprayte Wände, um wieder einmal sein Erkennungszeichen zu platzieren. Sein Ehrgeiz war, sichtbare, jedoch schwer zugängliche Wände zu verzieren, Wände, bei denen sich die Passanten nicht vorstellen können, wie sie besprayt werden konnten. Sein Tag ist auch am Bahnhof zu sehen, oberhalb der Bahnhofshalle, für alle erkennbar. Es ist ihm gelungen, ihn frühmorgens, zwischen zwei Eisenbahn-Durchfahrten, dort zu platzieren. An einem anderen Tag bei der Garage des Einkaufszentrums konnte er leider nicht fertig sprayen.

In der Schule war er kaum ansprechbar. Die Lehrer vermuteten, dass er immer wieder kiffe und auf die schiefe Bahn geraten würde. Sowohl die Eltern wie auch die Schule machten sich große Sorgen um ihn. Seine Zukunft wurde in düstersten Farben ausgemalt. Die Szene draußen faszinierte ihn und im nächtlichen Taggen fühlte er sich in seinem Element. Was war mit diesem jungen Mann los? Er galt als Problemfall, brauchte einen Psychotherapeuten und eine Sonderschulung.

Sieben Jahre später: Der junge Mann besucht eine pädagogische Hochschule, wirkt anständig, zugänglich, besonnen und vernünftig. Seinen Professoren und Professorinnen fällt er als eigenständiger, etwas kauziger und selbstzentrierter, jedoch intelligenter junger Mann auf. Was war damals mit ihm los? Wie kann man sich diese irritierenden Sprayer-Aktionen erklären?

Der Junge ist nicht zufällig in die Sprayerszene gerutscht, sondern hat das nächtliche Herumschweifen, die Gefahren, die Sprayaktionen, den Arrest, die Auseinandersetzung mit den Lehrpersonen und Eltern gesucht. Er hat nicht auf eine lieblose Erziehung, eine verständnislose Schule oder ein Trauma reagiert, sondern er suchte die Gefahr. Er brauchte den Adrenalinschub, die Möglichkeit gefasst zu werden und das Herumtreiben in einem scheinbar feindlichen, gefährlichen Territorium. Von der Idee besessen, sein privates Erkennungszeichen an exponierter Stelle zu platzieren, schlich er sich des Nachts aus der mütterlichen Wohnung. Er wollte die Weiten erobern, die Dunkelheit erforschen und neue Herausforderungen bestehen. Das Taggen war für ihn eine Möglichkeit, sich gemäß seines Typs einzubringen.

Besprayte Wände sind natürlich nicht akzeptabel und für Außenstehende meist hässlich. Ich selber rege mich über die vermeintlichen »Verschönerungen« auf und bin der Auffassung, dass man von staatlicher Seite reagieren und die Tags so schnell wie möglich entfernen sollte. Obwohl uns das Taggen nicht gefällt, dürfen wir aber den Blick für die *Bedeutung* dieses Verhaltens nicht verlieren. Der vierzehnjährige Junge folgte beim Taggen einem *inneren Ruf.* Er gehorchte nicht einfach einem Gruppendruck oder imitierte Vorbilder aus Video-Clips, sondern ging einer Leidenschaft nach. Das nächtliche Herumschweifen war für ihn Berufung. Hier wurde er *existentiell* herausgefordert. Die nächtlichen Streifzüge machten für ihn mehr Sinn als schulische Tätigkeiten. Seine Seele äußerte sich in diesen nächtlichen Aktionen und nicht im Erfüllen alltäglicher Verpflichtungen im Rahmen seiner Ausbildung.

Aus archetypischer Sicht lebt er einen *Heldenepos* nach.[61] Helden orientieren sich nach einer Idee, die sie gegenüber unheimlichen, feindseligen oder antagonistischen Mächten durchsetzen wollen. Als inneres Bild symbolisiert er seelische Wandlung. Er strebt nach einer Synthese zwischen Bewusstsein und Unbewusstem. Das Bewusstsein soll über das Unbewusste siegen. Der Kampf mit dem Drachen wird gesucht, damit die dunklen Mächte einen nicht mehr länger bedrängen. Mit dem Beginn der Adoleszenz beginnen Jungen sich oft mit Helden zu identifizieren. Sie sehen sich als Kämpfer, Einzelgänger, Lonesome Cowboy, Street-Fighter in einem undurchdringlichen Dschungel.

Der Held ist der Archetyp, der sowohl für Männer wie auch für Frauen während der Adoleszenz wichtig sein kann.[62] Die Bedeutung dieser Figur spiegelt sich auch in der Mythologie wider: Siegfried der Drachentöter, die Sagen um König Artus' Tafelrunde, die Amazonen, Achilles, Herkules oder Perseus. Herakles kämpft mit Löwen, reinigt die Ställe des Augias, holt den kretischen Stier, ist im Bogenschießen versiert, weiß das Schwert zu gebrauchen und kann auch boxen. Nach seinen zwölf Taten darf er endlich in den Olymp. Nach der griechischen Mythologie sucht Herakles den Kampf, er wird jedoch auch betrogen und immer wieder geprellt. Siegfried, der Drachentöter, stellt einen anderen Heldentyp dar. Er wächst elternlos auf, kämpft mit dem Drachen und erwirbt sich Kraft durch eine Tarnkappe.

Helden zeichnen sich durch einen *starken Willen* aus. Dieser wird jedoch nur mobilisiert, wenn eine *Herausforderung* lockt. Ihr Einsatz gilt einem Problem, regelmäßige oder geordnete Tätigkeiten sind ihnen ein Gräuel. Der Held liebt gefährliche Situationen: In vielen Großstädten gibt es immer wieder tragische Unfälle, weil Jungen sich mit ihrem Rollbrett an Tramwagen anhängen oder gefährliche Drinks zu sich nehmen. Helden wollen mit existentiellen Herausforderungen konfrontiert werden. Sie werden von einer Angstlust getrieben. Wovor alle warnen, das ist interessant. Wenn sie Gänsehaut kriegen, zittern, der Schweiß aus den Poren getrieben wird, dann haben sie das Gefühl, wirklich im Leben zu stehen. Helden lieben halbchaotische Situationen. Wenn man nicht genau weiß, wie es weitergeht, und die Übersicht zu fehlen scheint, dann sind sie in ihrem Element.

Meistens geht es den Helden jedoch nicht nur um die Gefahren an sich, sondern sie identifizieren sich mit Ideen. Um diese zu verwirklichen, müssen sie jedoch Widerstände überwinden. Helden sind bereit, einen Einsatz zu leisten, auch wenn die Umstände widrig sind: Sie wollen unbedingt einen Jugendraum einrichten, eine Reise nach Chile unternehmen oder in der Schule durchsetzen, dass Schülerdelegationen in Lehrerversammlungen auch ein Stimmrecht haben. Dem Helden geht es um die Verwirklichung der Idee und nicht primär um sein Wohl: Ein Junge wollte unbedingt erreichen, dass man in seiner Gemeinde einen alten Zeltplatz zu einem Jugendtreff umgestaltet, und eine Schülerin forderte den Rektor einer Schule zu einer Podiumsdiskussion über das Fernbleiben vom Unterricht heraus. Um ihre Ideen zu realisieren, sind Helden bereit, den Kampf aufzunehmen und sich Gefahren auszusetzen.

Weil Helden ihren eigenen Ideen ausgeliefert sind, zeigen sie oft eine erstaunliche *Erziehungs- und Sozialisationsresistenz.* Sie haben Mühe, auf Ratschläge zu hören oder durch Lehrgänge in ein Thema eingeführt zu werden. Für sie zählt der *persönliche Weg* und nicht eine vorgegebene Route. Helden haben darum große Schwierigkeiten, sich anzupassen. Vielfach versagen sie in der Schule, während sie gleichzeitig in ihrer Freizeit zu großartigen Leistungen fähig sind: Reisen werden alleine organisiert, Feten veranstaltet und Hobbys gepflegt. Ein Gymnasialschüler hatte schon etliche Musikgruppen gegründet, Konzerte organisiert und sich vehement für eine neue musikalische Stilrichtung eingesetzt. Die Schule wurde für ihn zur Nebensache. Schließlich wurde ihm mit dem Rausschmiss gedroht. Die Lehrpersonen attestierten ihm zwar eine gute Intelligenz und auch ein Interesse an den einzelnen Fächern, doch seine Anpassungsleistungen waren zu gering. Seine Seele war nicht in der Schule. Es trieb ihn nach draußen, während er für die einzelnen Lektionen nur mäßiges Interesse aufbringen konnte. Jungen oder Mädchen können diesen Helden in sich verschieden leben. Die meisten jungen Menschen leben diesen Archetyp nicht konkret aus, sondern in ihrer Fantasie. »Nicht einmal für einen Krieg sterben kann man heute!«, sagte mir vor einigen Monaten ein fünfzehnjähriger Junge provokativ. »Uns bleiben nur die Video- und Computergames.« Das Heldische wird im virtuellen Raum ausgelebt. In der Geschichte gibt es viele Beispiele, wo das Heldische nicht nur in der Vorstellung gelebt wurde, sondern junge Menschen sich zu Tausenden nach Schlachten sehnten, wo sie sich bewähren könnten. Im 19. Jahrhundert schwärmten Jugendliche von den großen Schlachten, die Napoleon Bonaparte leitete. Die Jugend sehnte sich nach der Herausforderung, die ein solches Kräftemessen garantieren würde.[63] Die Sehnsucht, sich für idealistische Ziele aufzuopfern, war auch das Motiv der »Augustbegeisterung« vor dem Ersten Weltkrieg, als sich Scharen von jungen Männern zur Front meldeten, um später im grässlichsten Grabenkrieg durch Maschinengewehrsalven umzukommen.[64] Die Sehnsucht, dem Archetyp des Helden nachzuleben, wurde durch die Kriege aufgenommen. Das Heldische kann heute auch intensiv für sportliche Tätigkeiten ausgelebt werden. Dort sind individuelle Taten möglich: der Triathlon-Kämpfer, der jeden Tag Olivenöl trinkt, schwimmt, rennt und mit dem Fahrrad trainiert, damit er seinen Titel behalten kann. Ist die betreffende Disziplin jedoch mit zu viel Anpassung verbunden oder muss er sich in eine Gruppe einfügen, dann hat der Held wieder Probleme. Es zieht ihn hin zur individuellen Tat. Helden wollen nicht in einem Kollektiv wirken. Oft wirken sie darum egozentrisch: Wenn ihnen etwas nicht passt, dann können keine 32 Elefanten sie vom Weg abbringen. Ziele werden selber gesetzt und Widerstand macht sie stärker. Eine Umgebung, die sich ihnen fügt, die auf persönliche Anliegen und Gefühle eingeht, wird für Helden langweilig. In solchen Situationen müssen sie entweder etwas tun, das sie wieder den Helden in ihnen spüren lässt, oder die Umgebung wechseln. Helden suchen Szenen, die einen gloriosen oder tapferen Auftritt ermöglichen.

Eine Schwäche des Helden ist seine *Unangepasstheit.* In der Schule müssen Helden oft etwas anderes tun, als von ihnen verlangt wird. Sie irritieren darum Kollegen und Lehrpersonen. Ist der Junge oder das Mädchen begabt, dann werden die Aktionen und Ideen vielleicht als originell empfunden. Jugendliche, die über keine besonderen Talente verfügen, können in eine fatale Ausschlussspirale geraten. Je vehementer die Umgebung reagiert, desto mehr geraten sie ins »Blödeln« oder verhalten sich destruktiv. Sie müssen genau das tun, wovor Lehrpersonen und Eltern warnen. Eine weitere Schwäche der Helden ist ihre Neigung zu *depressiven Reaktionen.* Ohne unmittelbare Herausforderung droht die Stimmung zu kippen und sie werden passiv. Sie können dann nichts mit sich anfangen und sind für keine Aufgabe zu gewinnen. Wegen der starken Muttergebundenheit ist die Gefahr groß, dass sie ihre negativen Gefühle an der Mutter abreagieren. Diese ist dann schuld an allem und wird immer wieder kritisiert. Eine andere Ausdrucksform ist das Herumhängen. Da unsere Gesellschaft meistens von den Helden nicht direkt etwas will, hängen sie herum und warten auf einen »Auftrag«. Sie versammeln sich bei Bahnhöfen, vor Imbissläden, vor Schulhäusern oder bei Sportanlässen in der Hoffnung, dass sich ein Problem präsentiert, das ihren Einsatz fordert. Helden wehren sich, kämpfen, wollen überleben und anderen überlegen sein. Sie missachten jedoch oft ihre eigenen Schwächen und werden wegen eines nicht beachteten Details besiegt: Baldur durch die Mistel, Siegfried wegen einer verwundbaren Stelle und Herakles durch das Geschenk einer Frau.

Bezeichnend für den Helden ist die *Reise.* Er ist unterwegs und will seine Ziele erreichen. Der Held versucht sich selber zu überwinden und neigt dadurch dazu, sich selber zu überfordern. Selbstzerstörung und nicht beachtete Abgründe sind die Gefahren des Helden.

Mutti ist die Größte

Auffallend ist die Beziehung des Helden zu seiner Mutter. Männliche Helden haben oft eine starke, unbewusste Verbindung zur Mutter. Diese wird in vielen Mythen dargestellt. Im Ödipus-Mythos, einem unserer ältesten Heldenepen, flüchtet Ödipus vor seinen Eltern, da er vernimmt, dass ein Fluch auf der Familie lastet. Dieser besagt, dass er seinen Vater umbringen und seine Mutter heiraten werde. Aus Angst, dass sich dieser Fluch bewahrheiten wird, ergreift Ödipus die Flucht. Er möchte sich von diesem Fluch befreien. Seine Flucht führt ihn nach Theben. Dort ersticht er einen alten Mann, der ihm den Weg versperrt. Anschließend befreit er Theben von der Sphinx. Als Preis bekommt er die Königin von Theben zur

Frau. Scheinbar ist er dem Fluch entronnen. Es stellt sich jedoch heraus, dass er sich auf tragische Art trotzdem erfüllt hat: Der Mann, der die Straße versperrte, war der König von Theben. Dieser hatte seinen Sohn Ödipus weggegeben, ebenfalls, um dem grässlichen Fluch zu entkommen. Ödipus hatte also seinen Vater umgebracht und seine Mutter geheiratet.

Die Mutter bleibt für den männlichen Helden eine wichtige Bezugsperson. Durch seine Taten versucht er zwar, dieser Mutterbindung zu entkommen, doch je mehr er sich von ihr entfernt, desto präsenter wird sie. Bei diesen Helden handelt es sich darum oft um Muttersöhnchen: Einem Jungen, der sich in der Jugendbewegung engagierte und immer wieder an Häuserbesetzungen beteiligt war, wurde jede Woche von seiner Mutter die Wäsche gewaschen. Wenn er durch Farbanschläge auf Häusern seine Hosen verschmiert hatte, dann reinigte die Mutter sie brav und schickte sie ihm ein paar Tage später fein säuberlich in einem Plastiksack zurück.

Das Verhältnis zum Vater hingegen ist durch Auseinandersetzungen und Kämpfe geprägt. Mit ihm will sich der Held messen, ihn will er besiegen. Er ist für den Helden eine Figur, mit der man sich immer wieder messen muss. Diskussionen, Konfrontationen und Kämpfe sind die Mittel, dem Väterlichen nachzugehen. Falls der Vater nicht präsent ist oder nicht als Autorität wahrgenommen wird, verlagern Helden die Auseinandersetzung mit dem Väterlichen auf andere Autoritäten. Sie fordern Lehrpersonen oder die Staatsmacht heraus. Sie wollen eindeutige Reaktionen. Nur so ist es ihnen möglich, sich wirklich ins Dasein einzubringen.

Weibliche Helden stehen oft in einem Kleinkrieg mit ihren Müttern und verstehen es, Beziehungen zu gestalten. Das Heldenhafte drückt sich auch in der Fähigkeit aus, in Beziehungen heikle Fragen und Tabus anzusprechen und nicht

Bequemlichkeiten zu folgen. Während männliche Helden in Beziehungen oft hilflos wirken, werden weibliche Helden aktiv.

Die Sehnsucht nach der Bande

»Ich habe viele Freunde«, sagt der zwölfjährige Junge stolz. »Welche?«, fragt der Schulpsychologe. »Alle meiner Gruppe.« »Wie heißen deine Freunde?« »Einer heißt … mh, Beat, einer … mh, ich kann mich nicht erinnern.«

Für Helden sind oft Gleichaltrige wichtig. Sie fühlen sich ihnen jedoch nicht im persönlichen Sinn verbunden, sondern die Verbindung geht über die Gruppe. Helden werden gemeinsam bewundert oder abgelehnt. Da es sich bei den Helden oft um Einzelgänger handelt, können ihre Taten die Zustimmung der Umgebung erhalten oder eben nicht.

Helden haben es heute nicht einfach, da es sich um einen Archetyp handelt, der nicht aktuell ist. Heldenepen gegenüber ist man heute kritisch eingestellt. Der Lonesome Cowboy hat ausgedient. Für Mädchen ist es heute einfacher, diesem Archetyp nachzuleben. Power-Frauen oder wehrhafte Mädchen werden bewundert. Jungen gelten dann jedoch rasch als Machos. Für viele Jungen und auch Mädchen übt dieser Archetyp jedoch eine große Anziehungskraft aus. Sie träumen davon, sich einmal heldisch im Leben einzubringen. Die Aufopferung, die mutige Tat und sich einer Idee hinzugeben, das ist ihr Traum. Entstehen Protestbewegungen, so identifizieren sich solche Jugendlichen oft spontan mit den jeweiligen Ideen und Forderungen. Sie möchten aufgehen in einer von einem Kollektiv getragenen Vorstellung. In der Schule haben es Helden schwer, da dort nicht der individuelle Einsatz gefordert wird, sondern man sich an formalisierte Bildungsabläufe und Inhalte gewöhnen muss.[65]

Das Bedürfnis nach widerständigen Autoritäten

Um ihr halbchaotisches Treiben zu relativieren, brauchen Helden Autoritäten, die ihren Aktivitäten Einhalt gebieten. Sie können ihren Kampf nicht ganz allein durchstehen, sondern sie suchen Gegenpole, über die sie sich aufregen und an denen sie sich reiben können. Dies können die Eltern, Lehrer oder andere Bezugspersonen sein. Wichtig für die Helden ist, dass sie merken, dass es Menschen gibt, die sich mit ihnen messen, vergleichen und auseinandersetzen möchten.

Das Problem bei Helden sind die *emotionalen Abstürze.* Sie lieben die Herausforderung, die Reise in unbekannte Gefilde, doch können sie auch innerlich von finsteren Mächten ergriffen werden. Die Gefahr ist dann groß, dass sie einer *Lethargie* verfallen. Solche Helden werden dann passiv und depressiv. Unlustgefühle dominieren. Diese müden Helden sitzen herum und verbreiten Missstimmung und Lustlosigkeit. Wenn sie keine Szene ruft und sie mit keinen Problemen konfrontiert werden, dann haben sie große Mühe, mit sich selber fertigzuwerden. Während solcher Phasen drohen Helden zu regredieren. Sie werden schwach, krank und sehnen sich wieder nach dem mütterlichen Schoß.

Für Mütter sind männliche Helden nicht einfach. Da sie die Beziehung zu ihr nicht reflektieren, hat man als Mutter das Gefühl, gebraucht, doch nur selten respektiert zu werden. Diese Helden signalisieren Distanz, sind jedoch in Wirklichkeit stark mit ihren Müttern verbunden. Unbewusst rechnen sie mit ihnen. Oft ist es für diese jungen Männer schwierig, sich emotional von ihnen zu lösen, um eine gewisse Unabhängigkeit zu erlangen. Sie zelebrieren Selbstständigkeit durch das Annehmen von Herausforderungen und Gefahren, doch ihre emotionale Abhängigkeit bleibt ausgeklammert. Helden neigen dazu, die Beziehung zur und den Einfluss der

Mutter zu relativieren. Während der Vater allenfalls eine Rolle spielt, weil er sie in die Außenwelt führt, bleibt die Mutter in der Wahrnehmung der Jungen eine Randfigur. Die Mutter ist hinter dem Helden, sollte ihn umsorgen, doch wird sie bewusst negiert. Sie ist der Ausgangspunkt der Heldenaktionen. Hinter den Helden verstecken sich darum oft kleine Jungen, die zwar draußen in der Welt brillieren, viel erlebt und angestellt haben, jedoch immer noch in völliger Abhängigkeit von der Mutter leben.

Die Hexe oder die Kunst der Doppelbödigkeit

»Alle in der Klasse sind der Ansicht, dass Sie eine blöde Kuh sind. Ich bin eigentlich nicht dieser Meinung!«, antwortet das dreizehnjährige Mädchen der neuen Lehrerin, die ihre neue Klasse fragt, wieso es im Unterricht nicht gut läuft.

In diesem Kapitel wollen wir uns der Hexe widmen. Zuerst wenden wir uns ihrer allgemeinen Bedeutung zu, bevor wir uns mit der Pubertät als »verhexter« Zeit befassen und Hexen als archetypisches Bild für junge Frauen betrachten. Ein Archetyp, der in Europa eine lange, dunkle Geschichte hat. Das Wort Hexe ist negativ belastet. Hexen waren Frauen, die durch besondere Fähigkeiten auffielen. Sie wurden Saga, Strix, Venefica oder Lamia genannt.[66] Hexe ist ein Sammelbegriff für außergewöhnliche, unheimliche, irrationale oder bösartige weibliche Fähigkeiten. Der Begriff wurde im 15. Jahrhundert durch den »Malleus maleficarum«, den »Hexenhammer« (1487) verbreitet. Gemäß dieser Schrift sind Hexen Frauen, die im Pakt mit dem Teufel stehen, fremde Götter anbeten, schwarzen Schadenzauber ausüben, durch die Lüfte fliegen und sich in Tiere verwandeln.[67] Frauen mit geheimnisvollen Fähigkeiten und Fantasiegestalten wurden als Hexen bezeichnet: Feen, Kräuterweiber, Nymphen, Nixen und die Meduse Gorgo, ebenso wie auch die Mondgöttin Hekate aus der griechischen Mythologie oder Lilith aus der jüdischen Sage. In der frühen Neuzeit kam es zu den schrecklichen Hexenverfolgungen. Zwischen 1590 und 1630 starben Tausende von Frauen den grässlichen Flammentod auf dem Scheiterhaufen, nachdem sie aussichtslosen Verhören mit dubiosen Beweisverfahren ausgesetzt waren: So der Inquisitor, der eine Frau vergewaltigt und dies anschließend als Schuldbeweis interpretiert: Nur eine Hexe hat die Kraft, einen Mann von Rang und Namen zu verführen. Angeklagte wurden ins Wasser geworfen. Tauchten sie auf, dann war dies der Beweis ihrer Hexenhaftigkeit. Ertranken sie, bewies diese ihre Unschuld. Die Vorwürfe waren bizarr oder zufällig. Die Frauen sollen sich an Hexensabbaten mit dem Teufel verbündet oder aber andere Menschen durch geheime Einflussmittel zu »ketzerischen Gedanken« verführt haben. Gemäß diesen Vorstellungen verwirren Hexen die Gemüter, bringen Menschen durcheinander, streuen Hass, verursachen unbändige Liebe oder Wahnsinn.[68] Vor Hexen muss man sich in Acht nehmen, da ihre Auswirkungen schwer abzuschätzen sind. Sie bringen den rechtschaffenen Mann oder die anständige Frau vom Pfad der Tugend und Gotteslehre ab und sind wegen ihrer Amoralität zu verdammen. Oft wurden allgemeine Katastrophen oder Unglücksfälle Hexen zugeschrieben: Joan von Kent wurde 1586 geköpft, weil trockenes Stroh auf ihrem Dach lag. Ein Reisender hatte vorher eine Nachbarin informiert, dass das Stroh die Qualität aufweist, die den Tod von Kindern verursachen kann.[69] Hexen üben Einfluss aus, ohne dass man es merkt. Damit ihre Kräfte keine Wirkung zeigen, müssen Gegenzauber eingesetzt werden. Der

Hexenverfolger Peter von Bern riet im 16. Jahrhundert, dass man immer Salz bei sich tragen und sich vor Hexen bekreuzigen müsse, damit man nicht unter den Bann dieser dämonischen Weiber geriet.

Wenn wir Hexen als Bild, als Archetyp für Pubertierende heranziehen, dann nicht als einen realen Verhaltenstyp, sondern als ein Bild, das weibliche Qualitäten einfängt, an denen sich ein Teil der Pubertierenden orientiert. Die Hexe ist nicht nur ein Dämon, der Leid, Missgunst und Wahnsinn verbreitet, sondern symbolisiert eine *wertvolle psychologische Einstellung.* Sie eignet sich als ein schillerndes Bild, um einen störrischen, anregenden, irritierenden und vor allem selbstständigen weiblichen Archetyp darzustellen. Das Wort Hexe ist vorbelastet. Wir denken an ein keifendes, altes, buckeliges Runzel-Weibchen, das von Neid und Missgunst getrieben wird. Ein Weib, das durch seine Bösartigkeit auffällt und sich um keine Moral schert. Dieses Klischeebild müssen wir verlassen. Im Bild der Hexe verdichten sich unheimliche wie auch kreative weibliche Eigenschaften. Das Hexenhafte repräsentiert nicht einfach »böses« und darum abzulehnendes Verhalten, sondern auch weibliche Fähigkeiten, die nicht in das vorherrschende, von einem männlichen Bewusstsein definierte Denken passen. Hexen sind weibliche Anarchos. Sie verkörpern nicht integrierbare und im jeweiligen kulturellen Kontext als bedrohlich empfundene weibliche Eigenschaften. Da es sich bei den Hexen um unabhängige Frauen handelt, sind sie eine *konstante Irritation.* Ihre Frechheiten sind inakzeptabel, ihre Ungezogenheit ist skandalös und ihr Denken ein Ärger. Hexen haben keinen Respekt vor Tabus, Positionen und der Moral. Ihr Verhalten stellt Grundwerte und Hierarchien der Kultur oder der Familie in Frage. Dank ihrer Schamlosigkeit weisen sie jedoch auf Dimensionen des menschlichen Seins hin, die wir verdrängen, die jedoch wichtig für die seelische Weiterentwicklung einer Gemeinschaft sind. Sie nehmen sich unserer Schattenthemen an. In Märchen verbrennen, verspeisen oder verführen Hexen Kinder, treiben Männer zur Verzweiflung und bringen das System durcheinander. Ist etwas verhext, dann funktioniert es nicht mehr »normal«. Die Störung bringt jedoch gleichzeitig wieder Leben ins System oder in die Institution. Als Personifikation von Schattenwerten ermöglichen Hexen die Auseinandersetzung mit unseren dunklen Seiten. Dank der Konfrontation mit einer Hexe werden Hänsel und Gretel autonomer und listiger. Hexen sind darum für jede Gesellschaft ein Ärger, doch ohne sie kann eine Kultur nicht überleben. Sie symbolisieren das Gegenteil der Primadonnen, stehen nicht für soziale Akzeptanz, Position und Rollen, sondern sind interessiert an dem, was man anstellen kann. Sie lieben nicht sich selber, sondern sind ihren innerlichen Kräften und Ahnungen ausgeliefert. Manchmal sind sie weiser, intuitiver und wissender als ihre Mitmenschen.

Die Faszination für und die Angst vor Hexen rührt daher, dass sie Reisende zwischen *zwei Welten* sind.[70] Ihren Einfluss üben sie zwar auf der Oberwelt aus, doch ihre Handlungen und Gedanken werden von Energien aus der Unterwelt gespeist. Sie können darum bei anderen Menschen heftige Emotionen, wildeste Leidenschaft oder aber depressive Verstimmtheit, Selbstmordgedanken oder Wahnsinn auslösen. Gegen Hexen muss man sich schützen. Das Bewusstsein wird durch hexenhafte Kräfte beeinträchtigt. Sie verstehen es, Menschen durcheinanderzubringen und immer wieder zu verzaubern. Wegen ihrer unheimlichen Gaben ist man den Hexen oft nicht wirklich böse, sondern man erlebt in ihnen Kräfte, die jenseits unserer Kontrolle sind. Hexen verkörpern psychische Energien, die in uns allen vorhanden sind, bei denen jedoch manche Kulturen überfordert sind, adäquate Bilder und Rituale dafür zu entwickeln. Nicht die Hexen sind das Problem, sondern die Gesellschaften, die hexenhafte Kräfte nicht zu integrieren wissen. Die Wirkung von Hexen und die Art, wie sie andere Menschen manipulieren, bleibt für Außenstehende ein Geheimnis. Da die Hexen ihren Einfluss oft sehr subtil ausüben, merken wir nicht, wie sie uns beeinflussen. Wieso bin ich nach einem Gespräch mit dieser Frau plötzlich erregt? Wieso verschlägt es mir die Stimme? Wieso lässt mich ein bestimmter Gedanke nicht mehr los? Hexen sind Meisterinnen der dunklen Kräfte. Sie können auch, weil sie sich nicht um Konventionen und Tabus kümmern, kreativ sein. Als ambivalente Figuren bewegen sie etwas und mobilisieren neue Energien. Unsere Kultur braucht auch Hexen und Teufel, die unsere Wohlorganisiertheit in Frage stellen und Normalitäten durchbrechen. Indem sie mit unheimlichen Kräften liiert sind, ermöglichen sie uns eine Auseinandersetzung mit unseren Trieben, unseren amoralischen Seiten und unserem Unbewussten. Hexen fordern uns zu neuen Leistungen heraus. Die Hexen bleiben jedoch ambivalente Figuren, von denen man nicht weiß, was sie im Sinn haben.

Meisterinnen der subtilen Manipulation

Hexen beeinflussen Mitmenschen *von innen* heraus. Sie verfügen über ein feines psychologisches Sensorium, dank dem sie mit kleinen, dafür umso wirksameren Handlungen ihren Willen durchsetzen können. Es gelingt ihnen, andere Menschen zu verzaubern oder Gefühle auszulösen, weil sie sich nicht nur am äußeren Erscheinungsbild des Gegenübers orientieren, sondern auch hinter die Fassade blicken. Sie manipulieren, weil sie intuitiv merken, wo menschliche Ängste,

Schwächen oder Ressourcen verborgen sind. Sie handeln aus ihren Ahnungen heraus und nicht aufgrund von bewussten Überlegungen. Hexen ist man ausgeliefert, da sie Handlungen einsetzen, die genau auf das psychologische Profil der anderen Person oder Gruppe abgestimmt sind. Das Mädchen im Eingangsbeispiel hat nur die Wahrheit ausgedrückt. Die Art, wie sie die Information der Lehrerin mitteilte, macht ihren Akt jedoch höchst ambivalent. Ist sie nun für oder gegen die Lehrerin? Welches ist ihre Position? Sie hat es verstanden, bei der Lehrerin Bestürzung auszulösen, ohne dass man ihr etwas vorwerfen kann. Die Beeinflussung war subtil und sorgfältig auf einen Komplex der Lehrerin abgestimmt. Diese fühlt sich verändert, ohne dem Mädchen etwas vorwerfen zu können. Hexenhafte Menschen arbeiten mit den verborgenen Komplexen und Gefühlen anderer Menschen. Sie setzen genau jene Wörter ein, die das Gegenüber treffen. Eine kurze Bemerkung oder ein gezielter Blick, und der andere fühlt sich irritiert. »Du wagst es ja nicht, dich zu wehren!«, erwähnt das vierzehnjährige Mädchen einem Kollegen gegenüber. Die Bemerkung sitzt. Der Kollege spürt seine Aggressionen. Neue Energien brechen hervor und machen ihn verwegen. Hexen wissen, welches der passende Zeitpunkt und die beste Einflugschneise zu den Schwachstellen oder den Stärken eines anderen Menschen sind. Sie setzen keine massiven Beeinflussungsmittel ein, sondern vertrauen kleinen Handlungen. Dank ihrer *Einfühlungsgabe* loten sie beim Gegenüber latente Stimmungen und Gefühle aus und beziehen sie für ihre Aktionen mit ein. Sie agieren auch als *Mediatrix,* als Mittlerin, wenn sie Verbindungen herstellen und Menschen zusammenführen. Im Gegensatz zu den Primadonnen fördern sie *Gemeinschaften.* Primadonnen wollen im Zentrum sein und von allen beachtet werden, Hexen halten sich diskret im Hintergrund.

Das Hexenhafte manifestiert sich bei Pubertierenden auf verschiedene Weise. Wenn junge Mädchen während der Adoleszenz ihr hexenhaftes Wesen entdecken, dann verstehen sie es, auf ihre Umgebung einzuwirken. Sie treiben ihre Eltern zur Raserei, irritieren Lehrpersonen und faszinieren Kollegen und Kolleginnen. »Leg das Heft weg! Wir schreiben eine Prüfung!«, bittet der Junglehrer eine Schülerin. »Nein, ich möchte dieses Heftchen fertig lesen!«, antwortet die Schülerin schnippisch. »Wenn du die Arbeit nicht mitschreiben willst, dann verlässt du das Schulzimmer!« »Sie haben nicht alle, sehen Sie nicht, dass ich nur dieses Heftchen lesen will!« Verdattert entfernt sich der Lehrer. Er weiß genau, dass er nichts unternehmen kann. Das Mädchen ist im letzten Schuljahr und wird von allen bewundert. Wenn er sie ausschließen würde, dann hätte er die Klasse gegen sich. Ihm bleibt nichts anderes übrig, als ihr nachzugeben. Dank ihrer Aktionen und Frechheiten hält dieses Mädchen die Klasse zusammen, sorgt für Spannung und Diskussion. Ihr Verhalten ist nicht einfach destruktiv, sondern bringt auch Leben in die Gemeinschaft.

Kleine Hexen setzen meistens Worte ein, um ihre Wirkung zu entfalten, wie dieser Brief von Mädchen einer Gymnasialklasse an eine Klassenkameradin zeigt.

Advent, Advent, die Sybill brennt,
zuerst der Kopf und
dann das Bein und dann das ganze Sybill-Schwein.
Du dumme Schlampe, wir hassen dich alle,
und dein so genannter Freund nutzt dich eh nur aus.

Jasmin, Nicole, Lisa, Judith
Die Clique, zu der du nicht dazugehörst.

Der Archetyp Hexe repräsentiert ein psychisches Syndrom, das wir immer wieder bei jugendlichen Mädchen antreffen. Er wird für solche Adoleszente zu einer inneren Orientierungsgröße. Sie imponieren durch Verhaltensweisen und Eigenschaften, die auf die Umgebung wegen ihrer kompromisslos psychologischen Ausrichtung destruktiv, zerstörerisch oder aber anregend, gemeinschaftsfördernd wirken können. Die Pubertierenden haben einen starken Kontakt zu *ihrem Unbewussten* und lassen sich oft von ihren Fantasien leiten.

Hexenhafte Fähigkeiten kommen zum Vorschein, wenn Adoleszente in der Auseinandersetzung mit ihren Eltern und Lehrpersonen Bilder und Argumente einsetzen, die Angst und Schrecken auslösen, um ihre Ziele zu erreichen. Ein sechzehnjähriges Mädchen teilte der Mutter mit, dass sie *ihrem* inneren Karma nachgehen und fortan als Straßenmusikantin ihr Geld verdienen werde. Von der Schule verspreche sie sich nichts mehr. Tatsächlich begann sie die Schule zu schwänzen und war nun auf dem Hauptplatz der Stadt zu sehen, wo sie sich an einer verstimmten Gitarre versuchte. Die alleinstehende, buddhistisch ausgerichtete Mutter geriet in Panik, suchte das Gespräch und versprach der Tochter alles, wenn sie nur wieder den Unterricht besuche. Natürlich hatte dieses Mädchen nicht vor, sich fortan auf der Straße herumzutreiben, sondern in der Auseinandersetzung mit der Mutter zitierte sie ein Horrorbild, damit ihr mehr Freiraum gewährt wurde. Dank der emotionalen Aufregung gelang es ihr, sich durchzusetzen.

Jugendliche Mädchen zeigen ihre hexenhafte Fähigkeit durch kompromissloses Ausleben der Emotionen. »Heute Nacht gehe ich auf ein Fest und werde erst am Morgen heimkommen! Ich übernachte bei Andi«, teilt ein sechzehnjähriges Mädchen ihren Eltern mit. Diese sind alarmiert und verbieten es ihr sofort. Der Vater meint, falls sie wirklich wegbleibe, dann werde er sie ins Internat schicken. »Mein Freund Andi wird mich am ersten Tag wieder abholen!«, erwidert die Tochter trocken. Die Eltern sind machtlos. Sie realisieren, dass sie ihre Tochter nicht mehr kontrollieren können. Sie hat den Machtbereich der Eltern genau ausgelotet und weiß, dass ihre Drohungen heiße Luft sind.

Sie weiß genau, wie weit die Entschlossenheit ihrer Eltern geht. Wenn sie eine Nacht mit ihrem Freund verbringen will, dann kann sie niemand davon abhalten.

Hexen sind Meisterinnen der Manipulation. Ein Schulkommissionsmitglied, das für die Oberaufsicht einer Klasse verantwortlich war, fand in einem Schulzimmer zufällig das offen dort liegende Tagebuch einer vierzehnjährigen Schülerin. Das Kommissionsmitglied begann darin zu lesen und entdeckte zu seinem Schrecken, dass darin das Mädchen berichtete, wie sie von ihrer Lehrerin sexuell angemacht wird. Sie habe jedoch große Angst und Hemmungen, darüber zu reden, teilte das Mädchen ihrem Tagebuch mit, weil dann die Lehrerin ihre Stelle verlieren könnte. Sie werde darum schweigen und das grässliche Geheimnis für sich behalten. Das Kommissionsmitglied, eine engagierte Frau, wurde sofort aktiv. Die Lehrerin wurde augenblicklich suspendiert, ein Verfahren eingeleitet und eine Stellvertreterin aufgeboten. Die Lehrerin bestritt jede Schuld und verstand die Welt nicht mehr. Schließlich stellte sich heraus, dass die ganze Aktion von drei Schülerinnen inszeniert worden war. Sie wollten die Lehrerin loswerden. Die Tagebuchaufzeichnungen waren fingiert und das Buch wurde in einem Zimmer platziert, das das Schulkommissionsmitglied mit großer Wahrscheinlichkeit betreten würde.

Hexen werden oft zu *Außenseiterinnen,* da sie andere Wege der Selbstverwirklichung wählen als ihre Kollegen und Kolleginnen. Sie wählen häufig Interessen und Herausforderungen, die von der Gruppe verpönt sind und können sich gut mit sich selber beschäftigen. Das Mädchen, das sich ausschließlich für Dampfschiffe interessierte, oder jenes, das sich entschloss, später bei den Tuareg zu leben, fand nicht die bedingungslose Zustimmung der Kolleginnen, die sich vor allem für Jungen, Kleider und Partys interessierten. Die hexenhafte Seite äußert sich oft auch in künstlerischen Tätigkeiten oder einer Fähigkeit zur vertieften Reflexion über das Leben. Tagebücher oder Gedichte werden verfasst, in denen der Sinn des Lebens ausgelotet und das eigene Leben kritisch hinterfragt wird.

Es ist Aufgabe der Eltern und Lehrpersonen, Hexen zu helfen, mit sich selber umzugehen. Die andrängenden Emotionen, Ahnungen und Gefühle brauchen ein Gefäß, damit die positiven hexenhaften Energien genutzt werden. Hexen dürstet es nach geistiger Nahrung oder dem künstlerischen Ausdruck. Oft muss man ihnen helfen, die Pubertät jenseits der Konventionen zu durchleben, damit sie zu ihrem Wesen finden. Pochen auf das, was »man« tut, provoziert Trotzreaktionen. Eine andere Gefahr ist jedoch, dass sie sich in der Rolle der Außenseiterin gefallen. Wenn die Eltern das hexenhafte, außergewöhnliche Wesen der Tochter zu sehr unterstützen, dann drohen sie sie in die soziale Isolation zu treiben. Hexen brauchen Klarheit und eine minimale Einbindung in eine Gemeinschaft, damit sie sich nicht selber verlieren. Ihr Wille und ihr Bewusstsein ist die Waffe, die sie gegen die Macht ihrer unbewussten Kräfte einsetzen können. Wenn ihre unbewussten Bilder und Fantasien überwiegen, dann drohen sie im Chaos zu versinken.

Die Primadonna: Der Tanz um sich selbst

»Gestern habe ich in der Stadt Klaus gesehen: völlig daneben, seine neue Frisur. Ich glaube, er ist schief drauf, könnte mehr, wenn er sich anstrengen würde. Nicole hat übrigens angerufen. Wir können uns alle am Dienstag sehen, doch ich kann dummerweise nicht: Ich treffe Barbara. Sie hat ein Problem mit Essen, nicht? Übrigens zurück zum Film, den ich mir gestern angesehen habe ...«

Kurzer Auszug eines Telefongespräches eines fünfzehnjährigen Mädchens. Ihr Mitteilungsbedürfnis ist enorm. Jede Bekanntschaft, Begegnung, Sorge, jedes Erlebnis, jedes Problem und jede Frustration wird der Kollegin mitgeteilt. Nichts darf ausgelassen werden. Neben dem Telefonieren ist diesem Mädchen das Ausgehen wichtig. Feten, Treffs, neuen CDs, Konzerten, Fun, vielleicht jedoch auch hie und da einer Lektüre gilt das Interesse. Im Zentrum ihrer Welt stehen sie und die Mitmenschen. Alles, was ihre Kolleginnen, Freunde, Bekannten und Feinde umtreibt, was sie fantasieren, planen, unternehmen, empfinden und fühlen, ist wichtig. Kommunikation und die Auseinandersetzung mit den Mitmenschen ist Lebenselixier.

In diesem Kapitel nähern wir uns den *Primadonnen,* einem Archetyp, der sich an *weiblichen Eigenschaften* orientiert. Primadonnen sind junge Mädchen, die sich nicht über Gleichschaltung mit dem männlichen Geschlecht profilieren, sondern sich als *junge Frauen* sozialisieren. Sie wollen ihr Dasein als Frau gestalten und ihre Weiblichkeit erforschen. Primadonnen sind jedoch auch Jugendliche, die ihre Adoleszenz durch eine *egozentrische Lebenshaltung* bewältigen. Sie verhalten sich wie kleine *Prinzessinnen,* denen man zu dienen hat und um die sich alles drehen muss. Zuerst wenden wir uns den Primadonnen als weiblichem Archetyp zu, anschließend den prinzessinnenhaften Primadonnen.

Die Primadonna ist ein Urbild *weiblichen* Seins, eine Figur, um die sich in den verschiedensten Kulturen Geschichten und Mythen ranken. Diese Mythologien sind auch als Ausdruck der menschlichen Psychologie zu verstehen. Die Götter und Göttinnen spiegeln Persönlichkeitseigenschaften wider. Mythologisch stellt sich dieser Archetyp in Figuren wie Aphrodite[71], Hera, Isis oder Freya dar. Aphrodite gilt als Göttin der Schönheit, der Verführung, des Eros, der Sexualität und der Intrige. Sie entsprang dem Meeresschaum, der sich um die abgeschnittenen Genitalien des Uranos bildete. Sie ist die Liebesgöttin der Griechen und mit den Göttern Hephaistos, Hermes und Ares liiert. Sie verkehrt jedoch auch mit Sterblichen. Als Beziehungsstifterin ist sie an dem, was sich *zwischen* den Menschen abspielt, interessiert. Sie sucht den Kontakt zu anderen, fördert aber auch Beziehungen zwischen anderen Menschen. Aphrodite hat die Fähigkeit, sich ganz anderen Menschen hinzugeben, sich anzupassen, ohne sich zu verlieren. Menschliche Begegnungen sind für sie nicht nur soziale Interaktionen, sondern Gefäße, in denen göttliche Energien durchdringen. Beziehungen sind für sie etwas Eigenständiges und nicht nur das Resultat von Interaktionen. Weil sie ganz in eine Beziehung eintauchen kann, wirkt Aphrodite oft wechsel- und lügenhaft. Je nachdem, welche Kräfte in einer Beziehung aufscheinen, wechselt sie ihre Loyalität. Ihre Neigung zur Untreue ist ein Zeichen, dass sie den Energien nachgeht, die sie zwischen Menschen spürt. Eine Primadonna will das Leben genießen, ihre Sinnlichkeit erfahren und ihre Weiblichkeit entwickeln. Meistens kümmert es sie wenig, was die Emanzipation oder engagierte Lehrpersonen fordern, sondern die Primadonna geht den Klischees nach, die Weiblichkeit versprechen. Was die Mode und Kultur anbietet, ist für sie interessant: Betont weibliches Auftreten, Schminke und Klatsch sind wichtig. Primadonnen wollen eine Identität über das eigene Geschlecht entwickeln und halten nichts von »unisex«. Sie wollen sich im Lebensstil wie in der Lebenshaltung von den Jungen abgrenzen. Sie spüren jenen Erlebnisqualitäten nach, die Frausein beinhalten. Verhaltensmuster aus der Tiefe der Seele koinzidieren mit den jeweils typischen Eigenschaften, die Frauen in der betreffenden Gesellschaft zugeschrieben werden: Dem Äußeren wird große Beachtung geschenkt, Fotos von sich selber werden gesammelt, Beziehungen werden analysiert, Intrigen gesponnen, während der Technik oder allgemeinen Themen kaum Interesse entgegengebracht wird. Bei den Primadonnen handelt es sich um junge Mädchen, die weibliche Keckheiten, Provokationen und Verführungskünste als Durchsetzungsmittel entdecken. Sie spüren sozialen Situationen nach. Das Aktionsfeld der Primadonnen sind persönliche Begegnungen. Oft fallen Primadonnen durch eine große Selbstbewusstheit auf. Sie brauchen die Spiegelung durch die anderen Menschen, um sich über sich selber Gedanken zu machen. Wie habe ich gewirkt? Welchen Eindruck habe ich bei meinen Kollegen und Kolleginnen hinterlassen? War ich auffallend genug oder passend gekleidet?

Primadonnen können jedoch auch von nagendem *Selbstzweifel* geplagt werden. Sie fühlen sich dann unendlich wertlos, hässlich und von den anderen verachtet. Da sie die Ansichten anderer Menschen interessieren, drohen sie von Eindrücken und Urteilen anderer Menschen abhängig zu werden. Klatsch ist für sie nicht leeres Gerede, sondern eine wichtige Möglichkeit, sich selber oder Mitmenschen zu beurteilen und die eigene Position zu evaluieren. Primadonnen wollen wissen, welches ihre soziale Position ist und was die anderen Menschen über sie denken. Wie bei dem sechsjährigen Mädchen, das zusammen mit seiner Cousine vor einem Gast einer Hochzeitsfeier steht. Sie fordert den Gast auf, ihnen zu sagen, wer die Schönere der beiden ist. Der Gast fragt beide nach dem Alter und antwortet salomonisch: »Du bist das schönste sechsjährige Mädchen und du bist das schönste siebenjährige Mädchen.« Das sechsjährige Mädchen ist mit dieser Antwort gar nicht zufrieden.

Ihre *Identität* entwickelt die Primadonna über den sozialen Wert, den ihr die Clique, die Kolleginnen und Kollegen zuschreiben. Was man über sie denkt, ist immens wichtig. Primadonnen können jedoch auch sehr sozial eingestellt sein. Weil sie sich für menschliche Begegnungen interessieren, werden sie zu Förderinnen von Gemeinschaften. Ihre Beziehungsanalysen und Intrigen bringen Menschen zusammen: »Weißt du übrigens, was Paula letzte Woche passiert ist?«, »Kennst du den Typen, der Barbara letzte Woche angesprochen hat?« Das Interesse an anderen Menschen kann zur Folge haben, dass der Schule nur geringe Aufmerksamkeit geschenkt wird. Die Ausbildung ist sozusagen ein weiterer sozialer Anlass. Die Zeit im Schulhaus wird leider immer wieder durch pädagogische Interventionen der Lehrpersonen gestört. Wieso können sie nicht einfach stillhalten, wenn sie Klatsch austauschen, Intrigen spinnen oder Beziehungen pflegen?

Primadonnen entwickeln oft eine gute Beziehung zu ihrer *Erotik*. Körperliche Signale, das Zusammenspiel von Gestik, Mimik, Worten und Augenaufschlägen wird als feines Mittel zur Beeinflussung anderer Menschen und des Klimas eingesetzt. Der Kontakt zu anderen Menschen spielt sich nicht nur über Themen oder über gemeinsame Tätigkeiten ab, sondern auch über das Ausloten der gegenseitigen Wirkungen aufeinander. Primadonnen machen sich immer wieder Gedanken über ihre Ausstrahlung. Sie suchen nach der Widerspiegelung ihres Verhaltens im anderen, damit sie in Kontakt mit sich selber kommen. Im Extremfall werden Beziehungen nach dem Eindruck, den man hinterlassen kann, bewertet. Personen, die ein positives Urteil fällen, werden geschätzt. Phasenweise spielen Primadonnen gerne mit der *Verliebtheit.* Nicht die Beziehung zu einem bestimmten Jungen ist wichtig, sondern die Emotionen und Fantasien, die beim Verliebt-Sein aufsteigen. Wichtig ist, dass das Gegengeschlecht Interesse zeigt und sich hie und da jemand in sie verknallt. Ohne gelegentliche Liebesbriefe ist man niemand. Oft kommt es zu mühsamen Spielen: Ein Mädchen setzte alles daran, der Kollegin den Freund auszuspannen. Sie flirtete intensiv mit ihm und gab ihm zu verstehen, dass sie sich für ihn interessierte. Als er sich dann endlich in sie verliebt hatte und sich von ihrer Kollegin trennte, zeigte sie ihm prompt die kalte Schulter. An dem jungen Mann selber hatte sie natürlich kein Interesse. Was sie jedoch maßlos geärgert hatte, war die Tatsache, dass er ihrer Kollegin mehr zugewandt war als ihr. Sie scheute keine Mittel, um hier wieder Ordnung herzustellen und ihre Position als erste Frau zu sichern.

Der Archetyp Primadonna hat jedoch auch eine andere Seite. Eine Primadonna ist nicht nur eine Frau, die sich über weibliche Eigenschaften sozialisiert, sondern oft auch *erste Ballerina.* Sie liebt es, im Zentrum zu stehen, und genießt die Aufmerksamkeit der Umgebung. Das Rampenlicht und die bewundernden, neidischen Blicke der Mitmenschen sind ihr Lebenselixier. Verschiedenste Mittel werden eingesetzt, um dieses Ziel zu erreichen: Wenn nicht Worte, Kleider oder neckische Bewegungen genügen, dann wird mit der eigenen *Befindlichkeit* und mit den *Launen* gespielt: eine Unpässlichkeit, eine Aufregung, ein Kopfweh, eine Müdigkeit oder ein Ärger und man hat die anderen im Sack. Da Primadonnen sich gut in *Szene* setzen, sind sie Meisterinnen der Manipulation. Sie beeinflussen ihre Mitmenschen durch den eigenen Gefühlsausdruck, die Inszenierung von Hilflosigkeit oder Koketterie. Die eigene Ausstrahlung wird eingesetzt, um sich durchzusetzen. Primadonnen entwickeln ein Sensorium, wie sie von anderen Menschen wahrgenommen und bewertet werden, gehen jedoch psychologisch ungeschickt vor. Da sie mehr auf den Schein fokussiert sind, entgehen ihnen die emotionalen Hintergründe, die Hexen intuitiv wahrnehmen. Sie können das eigene Verhalten auf das Gegenüber abstimmen und im Extremfall auch Gefühle vortäuschen. Damit sie Wirkung erreichen und ihre Ziele durchsetzen können, spielen sie auf der Klaviatur der Empfindungen und Gefühle anderer Menschen.

Primadonnen reagieren sehr sensibel auf *Aufmerksamkeitsentzug.* Werden sie kritisiert oder nicht beachtet, dann bricht für sie eine Welt zusammen, oder aber sie werden wütend. Sie empfinden es als ungerecht, dass eine Kollegin zu einem Fest eingeladen wurde und sie nicht, oder dass der jüngere Bruder eine Reise ins Disneyland nach Paris unternimmt, sie jedoch nicht angefragt werden. Die Primadonnen leben von der Zuwendung und Aufmerksamkeit der Umgebung. Meistens suchen sie diese Aufmerksamkeit in ihrer Gruppe Gleichaltriger und bei den Eltern. Sie sind permanent präsent im Klassenchat, wechseln andauernd ihr Profilbild auf Facebook und erwarten Dutzende von »Likes«, wenn sie ein Bild von einem Shopping-Ausflug posten. Die Aufmerksamkeit soll gemäß dem Skript, das sie unbewusst auf die Umgebung projizieren, gegeben werden. Fällt jemand aus der Rolle, die eine Primadonna für ihn oder sie vorgesehen hat, dann gibt es Schwierigkeiten. Viele Primadonnen reagieren dann irritiert oder beleidigt. »Wieso plappert sie plötzlich soviel über Malerei!«, empört sich ein fünfzehnjähriges Mädchen, das sich selber als angehende Malerin sieht. »Ihr Interesse ist vorgespielt. Sie hat keine künstlerische Ader an sich!« Dieses Mädchen hatte für sich die Künstlerrolle reserviert. Aufmerksamkeitsentzug kann jedoch auch gesteigertes Interesse an der betroffenen Person zur Folge haben. Wer Primadonnen ignoriert, wird entweder bestraft oder bewundert. Kritik wird entweder nicht geduldet oder aber sehnlichst erwünscht.

Primadonnen finden großen Gefallen am richtigen *sozialen Auftritt:* Zu einem Fest erscheinen sie ein bisschen zu spät, damit man von ihnen ja Notiz nimmt, und die Kleidung wird danach gewählt, welche Effekte erzielt werden können. Dank ihres ausgeprägten Interesses an Beziehungen sind sie sensibilisiert für Zwischentöne bei sozialen Interaktionen. Unweigerlich machen sie sich Gedanken, was sich *wirklich* zwischen zwei Menschen abspielen könnte und welches die *wahren* Gefühle einer Person sind. Primadonnen können gar nicht anders, als in Beziehungskategorien zu denken. Ihr Interesse beschränkt sich jedoch häufig nur auf die Rolle der eigenen Person. Wenn sich das Interesse erweitert und auf alle involvierten Personen bezieht, dann entwickeln sie einen hohen sozialen Sinn. Solche Primadonnen können sozial sehr aktiv sein, Menschen zusammenbringen, für andere sorgen und Beziehungen knüpfen.

Primadonnen können sich aber auch *egozentrisch* verhalten. Diese Primadonnen wollen, dass andere nach ihrer Pfeife tanzen. Sie *müssen* das Zentrum sein, ihre Anliegen, Gedanken, Ideen, Begabungen müssen von allen respektiert werden. Die Umwelt ist lediglich ein Spiegel ihrer selbst und die Mitmenschen sollen ihnen gefälligst dienen. Das Zusammenleben mit einer egozentrischen Primadonna kann mühsam sein. Oft werden Eltern und Geschwister gezwungen, sich dem Lebensstil und den Bedürfnissen einer Primadonna-Tochter oder -schwester anzupassen. Welchen Eindruck wer wie hat, ist für sie ein permanentes Gesprächsthema. Immer wieder muss etwas dringend für sie erledigt werden: Kannst du mir nicht bitte rasch helfen, meinen Aufsatz einzutippen, ich habe leider überhaupt keine Zeit, oder rasch für mich den Einkauf machen, sonst komme ich zu spät in die Schule. Ein sechzehnjähriges Mädchen kam um zwei Uhr morgens mit zwei Kolleginnen nach Hause, weckte ihre arbeitende Mutter und verlangte, dass sie für alle Spaghetti kocht. Eine andere Primadonna bediente sich jeweils ohne zu zögern an der Garderobe der Mutter, entwendete ihr Fahrrad und natürlich den Laptop. Für dieses Mädchen war klar, dass *sie* zuerst drankommt. Egozentrische Primadonnen sehen in sozialen Situationen eine Möglichkeit zur Selbstdarstellung.

Egozentrische Primadonnen sind oft kleine *Prinzessinnen.* Sie nehmen diese Rolle vor allem gegenüber ihrem *Vater* ein. Dieser bewundert und unterstützt seine selbstbewusste Tochter und nutzt jede Gelegenheit, ihr zu signalisieren, dass er sie besser als alle anderen versteht. Der besondere Faden, der diese Väter mit ihren Prinzessinnen verbindet, wird durch kleine Handlungen und Worte gestärkt. Hier eine diskrete Geldzuwendung, ein verständnisvolles Wort über den ungerechten Spanischlehrer oder eine kleine Zuwendung für die neue CD von Taylor Swift. Solche Väter pflegen die Illusion, dass eigentlich nur sie das Wesen der Tochter begreifen. Mütter bleiben von dieser Beziehung ausgeschlossen. Während der Vater Auseinandersetzungen mit der Tochter immer wieder durch eine große, verzeihende Geste löst, ist die Mutter in einem Kleinkrieg mit der Tochter engagiert. Der Vater erlaubt, die Mutter überprüft, worum es eigentlich geht. Primadonna-Töchter benutzen die Fantasien ihrer Väter als Energiequelle. Je nach väterlichem Bild präsentieren sie sich als kreative, engagierte, empathische, ausgeflippte, chaotische oder intelligente junge Frauen. Sie verstehen es, ein väterliches Thema aufzunehmen uns auszuleben. Sie spielen jedoch sich und der Umwelt nichts vor, sondern sind *effektiv* mit einem Komplex des Vaters identifiziert. Wenn der Vater die Tochter als talentierte Biologin sieht, dann entwickeln Primadonnen ein Interesse an Tieren, Pflanzen und dem Organismus des Menschen.

Die emotionale Verbindung zum Vater gibt den Primadonnen einen *großen Freiraum.* Weil sie sich in der Beziehung zum Vater sicher fühlen, können sie sich mehr erlauben als andere Jugendliche. Wenn diese Töchter ihren Vätern auf der Nase herumtanzen, dann nicht in böser Absicht, sondern die besondere Beziehung zum Vater macht es möglich, auch frech zu sein. Sie kommen beim Vater an, können sich dank ihres Charmes oder ihrer Insistenz bei ihm durchsetzen. Die Bewunderung des Vaters führt zu einem *Selbstsicherheitsschub.* Die Beziehung zu ihm ist jedoch zwiespältig. Während der Adoleszenz üben sich viele Vätertöchter in der Rebellion. Der Alte wird beschimpft, abgelehnt oder vielleicht sogar lächerlich gemacht. Diese Autonomiegesten bleiben jedoch oberflächlich. Die Provokationen dienen dazu, väterliche Emotionen zu schüren und wieder die eigene, besondere Position zu erlangen. Der Vater bleibt eine zentrale Bezugsperson. Sie wollen die Lieblingstochter bleiben, für die der Vater alles macht.

Werden Primadonnen mit besonders viel väterlicher Aufmerksamkeit, Liebe und Interesse beschenkt, dann droht sich der Kontakt zu anderen Bezugspersonen zu problematisieren. Unbewusst bleibt der Vater die Hauptfigur und sie eine Vater-Tochter. Das innere Bild des Vaters, die Vater-Imago kann für die jungen Frauen zu einem Hindernis werden bei der Beziehungsaufnahme zum Gegengeschlecht. Junge Männer müssen mit einer Vater-Imago konkurrieren, wenn sie die junge Frau für sich gewinnen wollen. Immer wieder dringt jedoch der Vater als irritierende Vergleichsgröße durch. Die Handlungen und die Eigenschaften des jungen Mannes werden im positiven wie im negativen Sinn mit denen des eigenen Vaters verglichen: »Mit meinem Vater zu reisen ist noch viel unmöglicher als mit dir: Er vergisst im Hotel nicht nur die Sonnenbrille, sondern lässt seinen Pyjama, die Reisedokumente, sein Stephen-King-Buch und sogar das Handy liegen!«, erwähnt das achtzehnjährige Mädchen und bringt damit zum x-ten Mal den Vater ins Gespräch. Der junge Mann ärgert sich nicht nur über die verlegte Sonnenbrille, sondern auch über die mentale Präsenz des Vaters bei seiner Freundin. Es gelingt ihm nicht einmal, als Chaot ihren Vater zu schlagen.

Andererseits verhilft die Vaterausgerichtetheit Primadonnen zu Autonomie. Sie neigen weniger dazu, in eine Zweierbeziehung zu flüchten. Eine positive Vaterbeziehung ermöglicht es, eigene Begabungen und Interessen zu entwickeln. Dank ihrem Prinzessinnenstatus fürchten sie die Zweierkiste und konzentrieren sich auf Themen, die sie in der Auseinandersetzung mit dem Vater entwickeln. Die libidinöse Besetzung der eigenen Person, die Wertschätzung erhalten sie vom Vater, sodass weitere Aufmerksamkeiten nur als Bestätigung oder angenehmer Zusatz empfunden werden. Durch die Wertschätzung des Vaters werden oft *Leistungen* sehr wichtig. Seine Frau zu stehen, gute Noten in der Schule zu bekommen, sportliche Herausforderungen anzunehmen und im Freundeskreis zu brillieren kann für Primadonnen wichtig werden. Die Bewunderung des Vaters wird in persönliche Energie umgewandelt. Es ist ihnen möglich, Widerstände zu überwinden und Widrigkeiten gelassen hinzunehmen. Dank der speziellen Beziehung zum Vater entwickeln diese Primadonnen einen gesunden Ehrgeiz. Sie setzen sich für schulische, kulturelle oder sportliche Themen ein, auch weil sie hoffen, sich dadurch besser sozial einzugliedern. Sie wollen nicht vergessen werden. Gleichzeitig ermöglicht ihnen jedoch diese psychologische Konstellation, eigene Interessen zu entdecken und Begabungen zu entwickeln. Primadonnen sind jedoch oft nicht von der Sache her motiviert, sondern suchen Arenen der Selbstdarstellung. Sie genießen Erfolge mit Grandezza, Misserfolge oder Kritik hingegen lösen Selbstwertkrisen aus. Viele erfolgreiche Frauen entdeckten ihre Begabungen und entwickelten ihre Selbstsicherheit dank der Bewunderung und Förderung durch den Vater: Anna Freud, Maria Montessori oder Margaret Thatcher sind typische Beispiele.

Das Mauerblümchen

Die Kehrseite dieses Archetyps ist das hilflose, schüchterne *Mauerblümchen.* Es ist das Mädchen, das sich nicht der Außenwelt stellt. Sie bleibt in ihrem Narzissmus gefangen. Ihr graust vor den oberflächlichen Zerstreuungen ihrer Altersgenossen. Sie wartet darauf, dass sich die Welt gemäß ihren Vorstellungen verändert. Das Verhalten und die Interessen ihrer Altersgenossen empfindet sie als kindisch. Partys, Street-Parades, Kleider, Jungen oder die Band Echosmith interessieren sie nicht. Diese Primadonna bleibt in ihren *vergangenen, großartigen* Fantasien fixiert. Eigentlich wäre sie gerne Ballerina, Reitlehrerin oder Schriftstellerin. Die Oberflächlichkeit der Gleichaltrigen Szene sind ihr ein Gräuel. Sie sucht Gründe, sich indigniert von einer Außenwelt zurückzuziehen, die sie noch gar nicht kennt. Oft steht ihr die Wertschätzung des Vaters im Weg, zum Teil auch die Überschätzung der eigenen Fähigkeiten oder der Möglichkeiten schulischer Ausbildung. Sie bleibt den großen Geschichten des Vaters treu und ignoriert das Chaos und die Themen ihrer Altersgruppe. Sie fühlt sich missverstanden und ist immer wieder empört: Dass die Kollegen in der Schule spicken oder schwarzfahren, kann sie absolut nicht begreifen. Einzelne dieser Primadonnen definieren sich sogar im Kontrast zu Werten ihrer Altersgenossen. Sie fallen durch eine penetrante Geringschätzung für den Musikstil, den Konsumtrip und die Reisemanie ihrer Kollegen und Kolleginnen auf.

Im Kern handelt es sich bei diesen Primadonnen um *Aschenputtel.* In ihrer eigenen Wahrnehmung ist die Umwelt gegen sie und will sie plagen. Sie werden durch ihre versteckten Größenfantasien blockiert, hoffen auf einen Prinzen, das große Los oder wenigstens eine ihnen angemessene Position in der Gruppe Gleichaltriger oder später in der Universität. Bis zu diesem Moment führen sie ein Schattendasein oder gefallen sich in der Opferrolle. Sie leben vom Mitleid der Umgebung und der Vorstellung, dass sie von allen verkannt werden.

Die Maske als Schutz

Sowohl die Egozentrik wie auch die phasenweise Identifikation mit der Opferrolle haben einen tieferen psychologischen Sinn. Durch diese Einstellung schützen sich diese Jugendlichen vor den Einflüssen der Außenwelt und der Überidentifikation mit der Gruppe Gleichaltriger. Eigentlich sind Primadonnen Beziehungen zu anderen Menschen wichtig. Dank ihrer Egozentrik vermindert sich die Gefahr, dass sie sich in einer Beziehung verlieren. Ihre Seele wählt die Primadonna-Rolle, um einen Freiraum für die eigene, persönliche Entwicklung zu haben. Der Primadonna-Archetyp bietet sich in unserer Kultur als Möglichkeit der seelischen Abschottung und des Schutzes an, damit die eigene Weiblichkeit entdeckt werden kann, bevor man sich der Welt dort draußen stellt. Da es in unserer Kultur keine kulturell tradierten Formen der weiblichen Initiation gibt, bietet sich der Primadonna-Archetyp als Ersatz an. Um genügend Zeit für die Entwicklung der eigenen Weiblichkeit zu haben, identifizieren sich diese Jugendlichen mit einer egozentrischen Rolle. Der Tanz um sich selber gibt ihnen eine Verschnaufpause. Nur dank der Maske und der Selbstzentrierung gelingt die Wende nach innen.

Der Prahlhans: Ich bin der Größte!

»Ich bin ein Pfundskerl!«, stellte sich ein jugendlicher Beifahrer vor Jahren auf einer Busfahrt zwischen Des Moines und Omaha vor. »Die unglaublichen Streiche, die ich in der Schule anstellte, werden in die Annalen eingehen: Stell dir vor, mir ist es gelungen, ein Mikrophon ins Zimmer des Schulleiters zu schmuggeln, als dieser mit seiner Freundin ein Schäferstündchen abhielt. Da ich es vorher mit der Lautsprecheranlage des Campus verbunden hatte, lauschte die ganze Schülerschaft dem Geflüster und Gestöhne des Paares! Wahnsinn!« Das grandiose Selbstbild meines Altersgenossen beeindruckte mich schon damals. Seine Selbstsicherheit war beneidenswert. Man kann den Kopf schütteln, den leicht dicklichen Jüngling als realitätsfremd oder selbstzentriert betiteln, gleichzeitig hat sein grandioser Selbstdarstellungsakt auch etwas Geniales an sich. Was versteckt sich hinter Prahlverhalten?

In diesem Kapitel möchte ich mich mit dem *Prahlhans* auseinandersetzen. Er besitzt die Fähigkeit, das eigene Dasein in einem großartigen Licht darzustellen. Der Prahlhans ist der Aufschneider, der Übertreiber, der Geschichtenerzähler oder der Fantast. Er ist der Rollbrettfahrer, der angibt, der beste Grinder[72] der Stadt zu sein, der Poser[73], der von sich behauptet, jeden Computercode knacken zu können, oder die Tussi, die überzeugt ist, jedem Jungen den Kopf zu verdrehen. Der Prahlhans ist unter Jungen verbreiteter als bei den Mädchen.[74] Sein Erscheinungsbild ist jedoch facettenreich und seine Auftritte erfolgen in den unterschiedlichsten Szenen. Jugendliche prahlen unter sich, gegenüber den Lehrpersonen und vor allem auch gegenüber sich selber. Wer mit Jugendlichen zu tun hat, wird immer wieder mit Prahlen konfrontiert. Szenen-Events werden als epochale Ereignisse dargestellt: Eine bescheidene Dance-Party mutiert in der eigenen Wahrnehmung zum Kernereignis der Region oder für eine musikalische Eigenkomposition beansprucht man mindestens den Grammy Award. Jugendliche schneiden untereinander über ihre Projekte, Taten und Erfolge auf. Sie prahlen auch über die Vergangenheit: »Früher war ich extrem gewalttätig und jähzornig«, gesteht der vierzehnjährige Jüngling in einem vertraulichen Gespräch, jetzt könne er sich jedoch mäßigen.

Die Bedeutung des Prahlens im Jugendalter erkennen wir auch an der retrospektiven Prahlerei Erwachsener. Wenn Erwachsene über ihre Jugendjahre berichten, geraten sie oft ins

Schwärmen oder sie verlieren sich in Heldengeschichten. Was sie damals während der wilden 68er-Jahre angestellt haben, lässt sich natürlich nicht vergleichen mit der heutigen mutlosen, ideenfeindlichen Jugendszene, die eigenen Reisen waren natürlich alle wahnwitzig. Und im Gymnasium galten sie als die schlimmsten Typen, die man sich vorstellen kann. Vor allem Männer schildern sich häufig als kritische und autoritätsfeindliche Jugendrebellen, Frauen stellen sich heute als wagemutige Amazonen dar. Wo sind all die braven, angepassten, schüchternen Schüler und Schülerinnen geblieben?

Als Außenstehende erleben wir das Prahlen als realitätsfremden Darstellungsakt, durch den die Umgebung überzeugt werden soll, dass man es mit *einer besonderen Kategorie* Mensch zu tun hat. Es gibt verschiedene Prahlformen: die Übertreibung, die leicht gefärbte Schilderung, das coole Understatement oder das realitätsfremde Fabulieren. Je nach Neigung und Charakter prahlen Jugendliche anders. Ein Jugendlicher sieht sich als begnadeter Filmregisseur, den Hollywood gleich entdecken wird, ein anderer stellt sich in der Clique als der absolute Führer dar und ein Dritter fühlt sich als der definitiv bestaussehende Macho der Stadt. Wir empfinden etwas als Prahlerei, wenn wir der inhaltlichen Beurteilung nicht zustimmen können oder jemand im Eigenlob schwelgt.

Wir Erwachsenen reagieren meistens negativ auf die Prahlereien der Jugendlichen. Einen Teenager, der aufschneidet, empfinden wir als unecht, selbstunsicher oder vielleicht sogar als hohl. In der Pädagogik wird Prahlen oft mit »Lügen« gleichgesetzt und mit Sanktionen belegt.[75] Prahlen und Lügen ist jedoch nicht dasselbe. Beim Lügen werden willentlich Tatsachen verdreht und Details ausgelassen, weil man eine andere Person hinters Licht führen, betrügen oder übervorteilen will: Ich behaupte, die Kopfhörer nie gesehen zu haben, obwohl ich ganz genau weiß, dass ich sie ausgeliehen oder verloren habe. Beim Prahlen geht es um etwas anderes. Eine Tatsache oder eine Möglichkeit wird in einem anderen Licht präsentiert. Die Aufmerksamkeit wird voll auf ein Detail gerichtet. Während Lügen problematisch ist, erfüllt das Prahlen bei Jugendlichen eine wichtige psychologische Funktion.

Der heimliche Verwandlungsakt

Aus psychologischer Sicht hat Prahlen mit der *Wahrnehmung* zu tun. Ob ich eine Tasse als halbvoll oder halbleer bezeichne, hängt von meiner Sichtweise ab. Je nach Einstellung wird die Realität unterschiedlich definiert. Einem Objekt kann ich außerordentliche Qualitäten zuschreiben oder versuchen, es nüchtern wahrzunehmen. »Shangrila!« steht auf einem kleinen Schild bei einem Wohnwagen in der Nähe von Dussnang im Züricher Oberland. Der Wohnwagen sieht schäbig aus, und ich bin nicht sicher, ob ein alter Grill, eine Plastikvormatte und zwei Liegestühle bereits als Utensilien für das Paradies genügen. Wenn auch nicht für alle nachvollziehbar, verwandelt die Tafel den kleinen Wohnwagen am Rande eines Zeltplatzes eines kleinen Dorfes in den Nabel der Welt. Prahlen müssen wir als *eigenständigen Akt* verstehen. Ein banales Objekt oder eine Handlung wird verzaubert. Prahlereien von Jugendlichen dürfen wir nicht nur als Fehleinschätzungen disqualifizieren, sondern das Aufschneiden hat auch einen *kreativen* Aspekt. Durch das Prahlen rückt etwas ins Scheinwerferlicht, das wir vielleicht übersehen oder nicht beachtet hätten. Ein Detail oder ein alltägliches Ereignis wird durch den Akt des Prahlens großartig. Gekonnte Prahlerei verwandelt unser Dasein und konstruiert eine neue *Wirklichkeit.* Das Dasein wird umgestülpt und wir nehmen neue, uns fremde Seins-Qualitäten wahr. Prahlereien können darum neue Perspektiven eröffnen. Ich sehe mich selber anders. Das Prahlen verwandelt uns in Hollywood-Stars oder zukünftige Nobelpreisträger. Durch das Prahlen wird unseren Erlebnissen und uns selber ein besonderer Glanz verliehen. Wir werden zu großartigen Individuen: Die Frau, die jahrelang von einem Buchprojekt über die Liebe erzählt, ihren Freunden stundenlang die Mühsal des Schreibens schildert und die Einsamkeit der Schriftstellerin beklagt, hat einen großartigen Prahlakt inszeniert. Dass sie schlussendlich lediglich zehn dürftige Seiten zu Papier bringt, ist eigentlich nicht relevant. Dank ihres Prahlens konnte sie unzählige Gespräche über die Liebe führen und hat manche Gesprächsrunde belebt.

In der Mythologie ist Prahlen sehr verbreitet. Die Helden in Homers Ilias tragen dick auf bei der Schilderung ihrer Taten, die griechischen Götter stellen sich selber im besten Licht dar und Hermes prahlt gegenüber Apollo, was er alles an seinem ersten Tag auf Erden getan hat. In einer keltisch-irischen Geschichte bietet sich ein Prahlhans dem Königshof an. Auf die Frage, wieso man ihn einstellen solle, antwortet er dem König keck: »Weil ich der beste Koch auf Erden bin!« Als der König gelassen antwortet, einen solchen habe er schon, kontert der Prahlhans schlagfertig: »Stellen sie mich ein, weil ich der beste Gärtner auf Erden bin!« »Den besten Gärtner auf Erden habe ich auch!«, reagiert der König unwirsch. Der Prahlhans bietet sich erfolglos in weiteren Berufen an. Der König beginnt sich abzuwenden, als der Prahlhans ihm entgegenruft: »Stell mich ein, weil ich der Beste in allen diesen Tätigkeiten bin!« Nun ist der König einverstanden und nimmt ihn am Hof auf.

Beim Prahlen dringt eine *dionysische* Einstellung dem Leben gegenüber durch. Dionysos gilt als der Gott des Tanzes, der Raserei, des Trinkens, des übertriebenen Optimismus, der Hysterie, der Leidenschaft und der Frauen.[76] Er ist jedoch auch der Gott des Todes. Prahlen kann Ausdruck dieser Bejahung des Lebens sein. Der große Dionysos spricht und verzaubert die Welt. *Größenfantasien* tauchen auf. Diese »illusions of grandeur« können dem Leben einen magischen Glanz verleihen und uns für neue Ziele motivieren: Eine Clique beschließt, die absolut beste und größte Mega-Party zu organisieren, oder eine junge Studentin sieht sich als originellste Erzieherin der westlichen Hemisphäre. Obwohl diese Bemerkung mit einem Augenzwinkern erfolgte, deutet sie auf eine belebende Größenfantasie. Das Prahlerische drückt sich auch im Kleinen aus: Die Coca-Cola-Flaschen-Sammlung im eigenen Zimmer wird als besonders »geil« empfunden oder die Organisation des Büros als großartig. Wenn Jugendliche prahlen, dann wirkt sich dies auch oft auf die Umgebung aus. Andere regen sich auf, mobilisieren eigene Größenfantasien oder lassen sich durch eine fantastische Vorstellung mitreißen: John Lennon soll seinen Kollegen Paul McCartney und George Harrison[77], als sie im jugendlichen Alter ihre ersten kläglichen musikalischen Gehversuche unternahmen, laut zugerufen haben: »Where are we going?« Worauf die anderen antworteten: »To the top!« »Where to?«, wollte Lennon nochmals wissen, worauf alle schrien: »To the toppermost, poppermost!« Das gemeinsame Prahlen hat ihnen neue Hoffnungen und Energien verliehen. Solche Fantasien reißen andere mit. Prahlhänse können durch ihre Visionen begeistern.

Prahlen als Imaginationsakt

Prahlen ist eine *eigenständige psychische Tätigkeit.* Wenn Jugendliche prahlen, dann spinnen sie nicht einfach Lügengeschichten, sondern der junge Mensch orientiert sich an einem Archetyp, der es ihm ermöglicht, die Herausforderungen seiner Lebensphase zu bewältigen. Prahlen ist eine Form der Selbstverzauberung. Der Prahlhans übernimmt nicht die Realitätsdefinition der Umgebung, sondern kreiert sich eine neue, positiv gefärbte Wirklichkeit. Prahlen ist ein *Imaginationsakt.* Man bereichert sich selber und seine Umgebung mit großartigen, vielleicht sogar berauschenden Vorstellungen. Vielfach spiegeln sich in unseren Prahlereien unbewusste Fantasien wider. Bilder, die wir selber in uns tragen, dringen durch den Prahlakt ins Bewusstsein. Das Prahlen dient als Geburtshilfe für ein unbewusstes Bild, das hilft, eigene Ressourcen zu erschließen. Wenn ein Jugendlicher voraussagt, dass er später einmal das bedeutendste philosophische Werk des 21. Jahrhunderts schreiben werde, dann ermöglichen ihm diese Vorschusslorbeeren, sich mit Philosophie zu beschäftigen. Er entwirft ein positives Bild über sich selber, das ihm hilft, zu neuen Ufern aufzubrechen. In der Prahlerei nimmt er Kontakt mit einem lebensbejahenden Bild auf, das er in sich selber trägt. Er mobilisiert eine innerliche Kraft, dank der er die Realität umdeuten kann. Der Jugendliche bewältigt die Realität, indem er auf die Macht unbewusster Fantasien baut.

Im Gegensatz zum Helden versucht der Prahlhans die Realität durch die *theoretischen Möglichkeiten* zu bewältigen. Während der Held mit der Realität kämpft, sich verletzt und dreckig wird, entfernt sich der Prahlhans von den konkreten Details. Das Prahlen befreit von der Auseinandersetzung mit den Widrigkeiten des Alltags. Durch das Prahlen werden Herausforderungen entproblematisiert: »Wegen der Schlussprüfung brauche ich mich nicht aufzuregen, zwei Over-Nights (die Nacht durchbüffeln) und ich habe den Stoff im Kopf«, meint der siebzehnjährige Schüler cool seinem Kollegen gegenüber, der seit Wochen ängstlich für das Abitur lernt.

Der Prahlhans verachtet die Realität. Er schwelgt in den Fantasien über sich selber. Beim Prahlhans soll sich die Realität den Fantasien anpassen, und nicht die Fantasien der Realität. Ein Jugendlicher sieht sich seit Jahren als hochtalentierter Filmregisseur. Später wird er die europäische Antwort auf Steven Spielberg oder David Fincher werden. Obwohl sein Leistungsnachweis nicht sehr beeindruckend ist, hilft ihm diese Fantasie immer wieder, mit Kollegen kleine Videoclips zu drehen und Skripte zu schreiben. Wegen seiner Größenfantasie fördert er sich selber.

Bannspruch und Beschimpfungen

Prahlereien können sich auch negativ auswirken. Dionysos wird von den Frauen zerrissen. Er ist auch Gott des Todes. Wie beim griechischen Gott besteht auch bei Prahlhänsen die Gefahr, dass sie von den Mitmenschen abgelehnt werden. Prahlerische Jugendliche werden oft auch von ihren Altersgenossen geplagt und von ihrer Clique ausgestoßen. Der dreizehnjährige Massimo, der sich mit den mafiosen Verbindungen seiner Onkel in Sizilien brüstete und gegenüber den anderen beanspruchte, der beste Fußballer und der beste Breakdancer zu sein, wurde schließlich von seinen Mitschülern brutal gemobbt. Die Faszination für seine Unterweltkontakte und Talente dauerte nicht lange. Seine Altersgenossen belegten ihn mit dem Bannspruch: Niemand durfte mit ihm sprechen, ihn berühren, neben ihm sitzen oder ihm antworten.

Prahlen kann auch der verzweifelte Versuch sein, sich den Normen innerhalb der Gruppen Gleichaltriger anzupassen. Diese Jugendlichen schneiden nicht aufgrund von eigenen Fantasien auf, sondern sie übernehmen kollektive Vorstellungen. Ihr Prahlen hat keinen Bezug zu ihnen selbst, sondern spiegelt die Erwartungen wider, die die Gruppe hegt: Sie besitzen die noch bessere Musikanlage, haben noch extremere Drogenerfahrungen gemacht, leiden unter den schwierigsten Eltern, die man sich vorstellen kann, und haben bedeutend mehr Länder besucht als ihre Altersgenossen. Dieses Prahlen ist kein eigenständiger Akt, sondern drückt eine *Überanpassung an aktuelle Klischees* aus. Sie wollen ihre Kollegen und Kolleginnen übertrumpfen. Meistens kommt dies bei dem anderen sehr schlecht an.

Aus der Sicht des Psychoanalytikers Alfred Adler (1870–1937) ist Prahlen ein *Kompensationsversuch.* Jugendliche versuchen durch das Prahlen eigene Ohnmachtsgefühle zu überdecken, da sie sich nicht den Herausforderungen des Lebens stellen. Sie erleben sich als nicht ganz vollwertig, wurden verzärtelt und versuchen das Gefühl eigener Unzulänglichkeit zu verstecken. Prahlen ist aus Adlers Sicht eine Reaktion auf ein Minderwertigkeitsgefühl.[78] Prahlen kann aber auch auf *Allmachtsfantasien* zurückgeführt werden. Durch das Prahlen wollen wir die Welt beherrschen. Wenn der Jugendliche prahlt, dann will er damit ausdrücken, dass er die Umgebung für sich vereinnahmen will. Er stellt sich selber ins Zentrum und möchte die Umgebung nach seinem Willen gestalten. In der Psychiatrie spricht man von einer Prahlsucht.[79] Jugendliche flüchten sich in Fantasmen, weil sie den Kontakt zur Realität verloren haben. Diese »Pseudologia phantastica« kann Ausdruck von Verwahrlosung, eines manischen Schubes oder einer Persönlichkeitsstörung sein.

Zum Prahlen gehört der Prahlakt. Durch ihn werden die Größenfantasien verbalisiert. Introvertierte oder verschlossene Jugendliche neigen dazu, die eigenen Größenfantasien für sich zu behalten. Sie fühlen sich besser, anders, spezieller oder begabter, ohne dass die Umgebung davon etwas merkt. Sie verharren in den eigenen Größenfantasien, die sie nicht in die Umwelt einbringen wollen. Ob sie wirklich mehr können als die anderen, erfahren diese Jugendlichen nicht. Dieses Prahlen kann zu einer *Realitätsflucht* führen. Es baut sich langsam eine Angst vor der Welt dort draußen auf. Man taucht in die eigenen Fantasien ein, um sich von den Herausforderungen der Gesellschaft zu distanzieren. Man könnte, wenn man wollte, doch man ist sich zu gut dazu. Natürlich hätte man die Kunstakademie besuchen können, doch das doofe Prüfungsverfahren will man nicht über sich ergehen lassen; natürlich könnte man problemlos als Musiker oder Musikerin brillieren, doch man will sich doch nicht einem Publikum ausliefern, das sowieso nichts von Musik versteht. Um die eigenen Größenfantasien nicht zu gefährden, werden existentielle Herausforderungen vom Leib gehalten. Der Konfrontation mit anderen Jugendlichen oder Herausforderungen im Rahmen der Ausbildung wird ausgewichen. Diese Form des stillen Prahlens kann unbeabsichtigt durch die Vorstellung der Hochbegabung gefördert werden. Einem Kind wird während der Grundschule induziert, es sei hochbegabt und habe darum eine besondere Karriere vor sich. Wächst ein Kind mit dieser Vorstellung von sich selber auf, so kann dies unter Umständen später zu Problemen führen.

Die Eltern waren fassungslos: Wie ist es möglich, dass unsere Tochter die Aufnahmeprüfung nicht besteht? Die Mutter hatte einen Nervenzusammenbruch und der Vater war wütend. Ihrer Tochter war von einer Psychologin Hochbegabung attestiert worden. Das Gymnasium sollte gar kein Problem sein. In der Familie wurde diskutiert, wo die Tochter an einer europäischen Universität oder in den Vereinigten Staaten promovieren soll. Dass sie die Aufnahmeprüfung ins Gymnasium nicht bestehen würde, daran hatte eigentlich gar niemand gedacht. Für das zwölfjährige Mädchen brach eine

Welt zusammen. Obwohl von der Psychologin nicht beabsichtigt, mutierte die Diagnose Hochbegabung bei diesem Mädchen zu einer Größenfantasie. Sie hielt sich für etwas Besonderes. Als die Jugendzeit anbrach, stellte sie sich vor, dass sich all ihre Fantasien realisieren würden. Das Aufwachen war brutal.

Die Kunst des Prahlens

Wichtig wäre darum, dass wir das Prahlen der Kinder nicht verleugnen, sondern den Kindern helfen, über das Prahlen neue Lebensimpulse zu entwickeln und sich selber in der Realität zu finden und zu entwickeln.

Prahlen ist eine *wichtige Kraft.* Sie macht es Jugendlichen leichter, ihren Zwischenstatus in der Gesellschaft zu ertragen. Die Grandiosität, die sie sich durch das Prahlen verleihen, hilft ihnen, sich *mental* in die Welt einzubringen. Die energetische Selbstaufladung kann Unsicherheitsgefühle und Selbstwertprobleme kompensieren. Prahlen ist auch eine Möglichkeit, sich an *Vorstellungen* über sich selber heranzutasten. In den »großen Geschichten« über sich selber schimmern auch Visionen über das eigene Leben durch. Ein skizzenhafter Entwurf über das eigene Leben deutet sich an: Ein Milliardär wie Bill Gates wolle er werden, verkündet ein fünfzehnjähriger Junge selbstsicher. Dieses Bild über sich selber ist vielleicht leicht überzogen, motiviert ihn jedoch, eine kaufmännische Ausbildung zu beginnen.

Als Vater oder Mutter sollte man weder mit Zynismus noch begeisterter Zustimmung reagieren; vielmehr gilt es, den positiven Impuls herauszuspüren. Einer Bemerkung wie »Dich wird das Leben schon eines Besseren belehren« wird kaum Verständnis entgegengebracht, da viele Jugendliche nicht auf die grandiose Geste verzichten können. Es gilt, die

Größenfantasien als Basis für einen konkreten Schritt zu verstehen. Anstatt sie zu kritisieren, sollten wir den Jugendlichen helfen, ihre Fantasien zu formulieren und vielleicht umzusetzen. Die meisten Fantasien zerplatzen und weichen realistischeren Vorstellungen, einige vermitteln jedoch die nötige Überzeugung, um neue Herausforderungen anzunehmen. Wenn du Schauspielerin werden willst, wie wäre es dann, wenn du erst einmal in einer Laiengruppe mitmachst? Der zukünftige Filmregisseur besucht einen Kurs für Filmschnitt und der Nachfolger von Roger Federer macht bei einem Juniorenturnier mit. Prahlen kann eine extrovertierte Form der Imagination über die eigene Zukunft sein.

Durch das Prahlen kommen Jugendliche mit *ihren eigenen Idealen* in Kontakt. Das Prahlen ist eine Form der Zielidentifizierung. Durch das Aufschneiden merkt man, wo es einen hinzieht und was man später vielleicht einmal tun könnte. Wenn Jugendliche also aufschneiden, so gilt es genau hinzuhören. Wir sollten versuchen, die Zielsetzung herauszulesen. Ein vierzehnjähriger Jugendlicher meldete sich für eine Band an. Er spiele Gitarre, behauptete er keck den älteren Spielern gegenüber. Die erste Bandprobe wurde zur Katastrophe, da der Jüngling nur einen Griff kannte. Zehn Jahre später hatte er jedoch eine klassische Ausbildung in Gitarre hinter sich. Zuerst kam die Fantasie, erst später eignete er sich die notwendigen Kompetenzen an.

Die Fähigkeit zu prahlen ist wichtig für die Stabilität des Ichs. Wir müssen uns in einem *positiven Licht* sehen können, wenn wir mit uns selber leben wollen. Prahlen drückt eine positive Besetzung der eigenen Person aus. Nur wer über sich prahlt, kann wirklich mit sich selber leben und versuchen, persönliche Ziele anzuvisieren. Prahlen drückt bei Jugendlichen aus, dass sie versuchen, mit sich selber zu leben.

Der Schelm: Tricks und fantastische Geschichten

»Meine Mutter hat nicht bemerkt, dass ich mich in der Wohnung aufhielt, als sie in die Stadt ging. Ich konnte nicht rechtzeitig zu euch in die Gruppe kommen, da sie mich einfach eingeschlossen hat! Aus einer Wohnung im ersten Stock kann man sich nicht so leicht befreien. Gott sei Dank ist mir jedoch der Baum neben unserer Wohnung eingefallen. Ich entschloss mich, aus dem Fenster und auf ihn zu springen. Mein Fall wurde abgebremst und ich bin mit einem verstauchten Knöchel davongekommen!« Gespannt hören die Kollegen und Kolleginnen dem Jungen zu. Seine Geschichte klingt plausibel und er ist sich der Aufmerksamkeit aller sicher. Er erschien auch hinkend zur Sitzung. Ein kleines Detail: Seine Familie wohnt in Wirklichkeit im Parterre und nicht im ersten Stock.

Schelme gelten als »durchtriebene Kerle«. Sie sind mit allen Wassern gewaschen und kennen viele Wege, um sich durchzusetzen oder Aufmerksamkeit zu erlangen. Ihre Ziele erreichen sie mit List. Oft streben sie jedoch Lösungen an, die am Rande der Legalität liegen. »Welche Note haben Sie mir für meinen Vortrag gegeben?«, will der vierzehnjährige Junge wissen. Die Englischlehrerin ist verdutzt. »Note? Hast du deinen Vortrag denn bereits gehalten?« Selbstsicher nickt der Junge: »Sie können sich doch ganz bestimmt noch an meinen ausgezeichneten Vortrag über die Niagarafälle erinnern? Sie waren begeistert, was mich besonders gefreut hat.« Die ältere Lehrerin, die für ihre kreative Organisation und ihre Vergesslichkeit bekannt ist, reagiert verlegen. Schließlich blättert sie in ihrem Notenheft und antwortet kurz: »Du hast eine Fünf.«[80] Glücklich kehrt der Junge an seinen Platz zurück. Den Vortrag hatte er selbstverständlich nie gehalten.

Schelme sind Kinder und Jugendliche, die sich durch Tricks, verwegene Pläne und erfundene Geschichten durchs Leben schlagen. Was sie sagen, spiegelt die Befindlichkeit der Umgebung wider und nicht immer ihr Innenleben. Sie sind Meister im Fabulieren und verstehen es, die Schwächen oder Stärken der Mitmenschen für ihre Pläne auszunutzen. Beim Schelm oder Trickser handelt es sich um einen faszinierenden, schillernden und ambivalenten Archetyp. Er spürt, was in der Luft liegt, und versucht seine Pläne dementsprechend zu verwirklichen. Seine Aktionen zeichnen sich durch Schlauheit aus. Schelme nutzen die jeweils vorgegebene Situation aus, oft ohne auf sich selber Rücksicht zu nehmen oder moralische Grundsätze zu beachten. Sie sind Meister der Verwandlung. Sie schlüpfen in die Rolle, die ihnen weiterhilft oder durch die sie auf die Umgebung einwirken können. Sie verstehen es, Dramen zu inszenieren oder sich Streiche auszudenken. Sie lieben es, soziale Anlässe oder Menschen zu manipulieren. Am Esstisch provozieren sie durch extreme Aussagen oder Antworten. Im Einzelkontakt hingegen wirken Schelme oft zugänglich und freundlich. Sie verstehen es, sich auf das Gegenüber einzustellen.

Für Väter oder Mütter ist es nicht einfach, richtig zu reagieren. Da Schelme nicht direkt rebellieren, sondern bestehende Regeln oder Abmachungen umdeuten, ist es schwierig, sie festzunageln. Sie verdrehen einem die Worte: »Gestern habe ich dich gefragt, ob ich bei meiner Kollegin übernachten darf, und du hast ja, ja gesagt! Jetzt muss ich gehen!« Dass sie ihre Mutter während eines Telefonats fragte, während dessen sie ihrer Tochter nicht aufmerksam zuhören konnte, hat das Mädchen natürlich vergessen. Schelme haben keinen Respekt vor Grenzen. Sie beeindrucken darum durch ihren Wagemut und ihre Originalität. Für Lehrpersonen und Erzieher sind

Schelme oft charakterlich schwer zu erfassen. Im Gegensatz zum Rebell, der Primadonna oder der Hexe ist das Persönlichkeitsprofil nicht klar erkennbar. Der Schelm lebt in seinen Handlungen und der Verwirklichung seiner Fantasien, sich selber hält er im Hintergrund. Weil er irritiert, anregt und Neues bringt, reagiert seine Umgebung oft heftig. Vielfach wird er bewundert, weil er Leute begeistern und neue Sichtweisen einbringen kann, oft wird er jedoch wegen seiner Taten bestraft. Ein trickreicher Schüler verstand es, durch originelle Aktionen die Aufmerksamkeit aller zu erregen. Auf der Abiturfeier erschien er in einem Neandertalerkostüm und nahm sein Diplom grunzend entgegen. Der Lehrkörper empfand seinen Auftritt als Beleidigung und erwog Sanktionen. Schelme spielen mit der Sprache. Auf Eltern und Lehrpersonen wirkt dies abschreckend, da sie grobe Wörter gebrauchen. Unbewusst versuchen sie die Aufmerksamkeit auf tabuisierte Themen zu lenken. Ihr Bezug zum Primitiven bringt jedoch auch neue Einsichten und Eigenschaften zum Vorschein.

Der Trickser ist eine Figur, die in den Mythologien der Winnepago in Wisconsin und im Osten Nebraskas vorkommt,[81] jedoch auch als Archetyp in anderen Kulturen bekannt ist: Hermes, Hanswurst, Pikaro oder Däumling. Wie C.G. Jung beschreibt, ist der Trickser nicht einer Wahrheit verpflichtet, sondern lässt sich von verschiedenen Wirklichkeiten leiten. Als schillernde Gestalt geht er den *psychischen Möglichkeiten* nach, die er in sich und seinen Mitmenschen erahnt, ohne sich um die offiziellen Werte und Sichtweisen zu kümmern. Für ihn ist alles möglich, da er den subjektiven seelischen Wirklichkeiten nachspürt. Ihn interessieren sowohl die Abgründe wie auch die schöpferischen Kräfte der Seele, unabhängig davon, ob die entsprechenden Bilder *wahr* sind. Hört er Klatschgeschichten, so faszinieren ihn die darin entworfenen Bilder und Fantasien, und er fragt nicht, ob die Insinuationen auch stimmen. Er ist darum gleichzeitig ebenso amoralisch, widersprüchlich und ein Tabubrecher wie auch edel, aufbauend und anregend. In der Mythologie der Winnepago wird er deswegen gehasst, verfolgt, jedoch auch bewundert und respektiert. Er benimmt sich unmöglich, missachtet Normen, löst jedoch Prozesse aus und wirkt kreativ auf die Umgebung ein. Der Trickser fällt in seine eigenen Exkremente, wirft seinen Penis ins Wasser, verkleidet sich als Frau, um den Sohn des Häuptlings zu heiraten, spricht zu seinem Anus, kann jedoch dadurch den Boden fruchtbar machen. Der Trickser ist schwer einzuordnen. Er taucht selber in die unwegsamen Tiefen der Seele hinab, um geschlagen, erneuert oder inspiriert aufzutauchen. Der Trickser urteilt nicht, sondern lebt die Fantasien seiner Umgebung mit.

Jugendliche, die dem Archetyp Schelm nachleben, haben eine Begabung, in die Welt der subjektiven Fantasien einzusteigen. Sie entwerfen großartige Pläne für die Zukunft, die sich nicht immer realisieren. Der Trickser partizipiert an den seelischen Ereignissen seiner Umgebung. Da er ein Grenzgänger bleibt, hat er Raum für Bizarrheiten, Ungewöhnliches und verdrängte Themen. Die Gefahr des Schelms ist, dass er in fantastische Höhen abhebt oder seinen eigenen Fantasien erliegt.

Nachwort

Die Auseinandersetzung mit den Jugendlichen ist ein Prozess mit unbekanntem Ausgang. Wir brechen auf eine Reise auf, ohne das Ziel zu kennen. Da unsere Haltungen und Ideen durch die Aktionen unserer Söhne und Töchter hinterfragt oder sogar erschüttert werden, fühlen wir uns oft ratlos. Wegen der Diskussionen und aufbrechenden Emotionen verlieren wir den Überblick. In diesem Buch habe ich versucht, eine Gesamtschau der spannenden, erfreulichen und oft auch irritierenden Prozesse zu geben, die zwischen Jugendlichen und Erwachsenen und im jungen Menschen selber ablaufen, ohne mich vom unmittelbaren Erleben zu entfernen. Das Buch soll helfen, sich mit Zuversicht der facettenreichen Auseinandersetzung zu stellen. Vieles wird nicht erwähnt: Die Bandbreite der Archetypen könnte erweitert werden, und etliche Themen, die uns im Zusammenhang mit der Jugend beschäftigen, werden nicht behandelt. Von Drogen, Gewalt, dem Einfluss der Medien und den Beziehungen zwischen den Geschlechtern ist in diesem Buch nicht die Rede. Hierzu möchte ich auf andere Bücher (s. u.) oder geplante Publikationen hinweisen. Der Sinn von »Pubertät – echt ätzend« ist es, den Eltern und Lehrpersonen Mut zu machen, sich mit Optimismus der Herausforderung Jugend zu stellen. Die Kenntnis der psychologischen Zusammenhänge soll verhindern, dass emotionale Fallen zuschnappen oder Frustrationen überhandnehmen. Sie soll helfen, den Blick für die Eigenarten der Übergangsphase zu schärfen. Als Erwachsene haben wir die Aufgabe, im Rahmen unserer Möglichkeiten den Jugendlichen zu helfen, den kurvenreichen, verschlungenen Pfad von der Kindheit zum Erwachsenenalter erfolgreich und glücklich zu bewältigen. Wenn wir uns aufregen, sich Hindernisse in den Weg stellen, Steigungen überwunden werden müssen oder wir an uns selber oder unseren Jugendlichen zweifeln, dann gehört dies zur Auseinandersetzung mit der Jugend. Wir sind keine Maschinen und nur sehr begrenzt Vorbilder; die Beziehung zwischen Jugendlichen und Erwachsenen wird vielmehr durch unbewusste Kräfte und Motive beeinflusst. Tiefere Emotionen bestimmen unser Verhalten, unsere Projektionen, Fantasien, unseren Ärger und unsere Verzweiflung. Erwachsene und Jugendliche sind Teil eines archetypischen Dramas, in dem die Rollen schon vorher verteilt wurden und das einem vorgegebenen Muster folgt. Der Handlungsspielraum wird durch diese Vorgaben eingeschränkt. Wir können darum unsere Beziehung zu den Jugendlichen nicht beliebig gestalten, sondern müssen auf diese seelisch-strukturellen Möglichkeiten Rücksicht nehmen, bevor wir Ratschläge erteilen, Programme aufstellen oder persönliche Maßnahmen erwägen. Wenn von Archetypen die Rede ist, dann als Reverenz an diese der Seele innewohnenden Kräfte und als Erinnerung, dass nur eine realistische Haltung der Jugend und uns selber gegenüber weiterhilft. Respektieren wir diese archetypischen Grundmuster nicht, dann werden viele unserer Ideen zu heißer Luft oder akademischen Spielereien. Die Tatsache, dass wir Teil eines immer wieder inszenierten Dramas sind, bedeutet jedoch nicht, dass wir die Hände in den Schoß legen und die Pubertät teilnahmslos an uns vorbeiziehen lassen. Im Gegenteil: Als Vater, Mutter oder Lehrperson sollten wir die emotionalen wie auch geistigen Auseinandersetzungen wagen und einen offenen, interessierten, klaren und respektvollen Dialog mit der Jugend pflegen. Wir müssen unserer archetypischen Aufgabe gerecht werden und den Einflussspielraum nutzen, der uns gegeben ist. Das Wissen, dass wir vieles, jedoch nicht alles bewirken können, erlaubt uns, den Wirren der Pubertät mit Gelassenheit zu begegnen und den widersprüchlichen, facettenreichen Charakter, der das Faszinosum Mensch auszeichnet, liebevoll und versöhnlich anzunehmen.

Anmerkungen

1 Wolfgang Brezinka. Grundbegriffe der Erziehungswissenschaft. Basel 1974
2 Wörtlich bedeutet »Tag« Etikette. In der Jugendszene wird darunter ein Kürzel verstanden, das als Markierung auf gut sichtbare Wände gesprayt wird und an die betreffende Person erinnern soll.
3 Rhythm and Blues kombiniert Blues, Funk, Pop und Hip Hop. Der Musikstil wird heute oft auch mit elektronischen Musikelementen angereichert.
4 Peter Corrigan. The Sociology of Consumption. London 1997. p. 56
5 Pascal Bruckner. Ich leide, also bin ich. Die Krankheit der Moderne. Weinheim 1996. p. 49
6 Aus der Sicht der Postmoderne ist der Mensch kein rational gesteuertes Wesen. Postmoderne Gesellschaften sind darum durch Gefühle, Emotionen, Intuition, Spekulationen, Gewalt, Tradition, mythische Erlebnisse gekennzeichnet. Der Mensch sucht nach Zonen, in denen er seine irrationalen Sehnsüchte leben kann. Jean Baudrillard. Post-Modernism and the Social Sciences. Insights, Inroads, and Intrusions. Princeton 1992
7 George Ritzer. Enchanting a Disenchanted World. Revolutionizing the Means of Consumption. London 1999
8 William Kowinski. The Malling of America. An Inside Look at the Great Consumer Paradise. New York 1985
9 Pascal Bruckner. Ich leide, also bin ich. Die Krankheit der Moderne. Weinheim 1996. p. 51ff
10 Viviana A. Zelizer. Pricing the priceless child. New York 1981. p. 58–59
11 Kinderarbeit bleibt natürlich ein enormes Problem in diversen Entwicklungsländern, wo ganze Industrien nur dank Kinderhänden existieren. Diese Kinderarbeit ist höchst problematisch, weil diese Menschen um ihre Kindheit betrogen werden und außerdem keine Ausbildung genießen können.

12 Herman Nohl. Die pädagogische Bewegung in Deutschland und ihre Theorie. Frankfurt 1970. p. 39ff
13 Z. B. die amerikanische Erfolgsautorin Susan Forward in: Toxic Parents. New York 1990
14 Jerome Kagan. The Nature of the Child. New York 1984
15 Martin Dornes. Der kompetente Säugling. Frankfurt 1994
16 Thomas Immoos. Die Sonne leuchtet um Mitternacht. Olten 1986. p. 44.
17 Allan Guggenbühl. Die unheimliche Faszination der Gewalt. Zürich 1995
18 Leonhard Frank. Der Mensch ist gut. Zitiert nach: W. Hornstein. Jugend in ihrer Zeit. Hamburg 1966. p. 282
19 Nr. 28 (12.7.1999) siehe auch: Christiane Florin. Warum unsere Studenten so angepasst sind. Berlin 2014
20 Aussage zur Jugendbewegung Anfang des 20. Jahrhunderts. Zitiert aus: Hornstein. p. 262
21 Gustav Wyneken. Zitiert aus: Hornstein. p. 255
22 Darunter versteht man das Erleben von Gleichzeitigkeiten. Ich möchte zum Beispiel eine Freundin anrufen. Als ich den Hörer abnehme, bemerke ich, dass sie bereits am Draht ist. Sie hat im gleichen Moment auch versucht zu telefonieren.
23 Allan Guggenbühl. Männer, Mythen, Märchen. Ein Versuch Männer zu verstehen. Zürich 1998
24 C. G. Jung. Synchronizität als ein Prinzip akausaler Zusammenhänge. In: GW Bd. 8. Olten 1972. p 459–566
25 Michael Vannoy Adams. Fort he Love of Imagination. New York 2014
26 Malekin, Peter. Temenos: a Paradigm Shift. In: Temenos. Vol. 13. London 1992. p. 179–190
27 Allan Guggenbühl. Die unheimliche Faszination der Gewalt. Zürich 1995
28 Allan Guggenbühl. Männer, Mythen, Mächte. Ein Versuch Männer zu verstehen. Zürich 1998
29 Jerome L. Singer. Phantasie und Tagtraum. München 1978
30 Mircea Eliade. Schamanismus und archaische Ekstasetechnik. Frankfurt 1982
31 Alice C. Fletcher & Francis La Flesche. The Omaha Tribe. Lincoln 1972
32 Joseph Campbell. The way of the animal powers. New York 1983
33 Mircea Eliade. Schamanismus und archaische Ekstasetechnik. Frankfurt 1982

34 Arnold van Gennep. Übergangsriten. Frankfurt 1986
35 Horst Petri. Guter Vater – Böser Vater. Psychologie der männlichen Identität. München 1997
36 Allan Guggenbühl. Die unheimliche Faszination der Gewalt. Zürich 1995
37 Allan Guggenbühl. Männer, Mythen, Mächte. Ein Versuch Männer zu verstehen. Zürich 1998
38 H. Roth. Pädagogische Anthropologie. Band 2. Hannover 1971
39 Karl König. Kleine psychoanalytische Charakterkunde. Göttingen 1992
40 Helmut Fend. Die Entdeckung des Selbst und die Verarbeitung der Pubertät. Bern 1994
41 S. N. Eisenstadt. Von Generation zu Generation. München 1966
42 J. Colemann. Eine neue Theorie der Adoleszenz. In: E. Olbrich & E. Todt (Hrsg.). Probleme des Jugendalters. Berlin/Heidelberg 1984
43 Eva und Michal Dreher. Wahrnehmung und Bewältigung von Entwicklungsaufgaben im Jugendalter. In: Rolf Oerter (Hrsg.). Lebensbewältigung im Jugendalter. Weinheim 1985. p. 30–61
44 Groen, G. & Petermann, F. Depressive Kinder und Jugendliche. Göttingen 2002
45 Unter der Gaußschen Kurve versteht man die Normalverteilung eines bestimmten Merkmals. Es handelt sich um eine statistische Abstraktion, die hilft, die Verbreitung eines bestimmten Merkmals in einer normalen Population zu bestimmen.
46 R. Oerter & L. Montada (Hrsg.). Entwicklungspsychologie. Weinheim 1995
47 R. J. Havighurst. Developmental Tasks and Education. New York 1982
48 N. Hann. Coping and defending. New York 1977
49 Gedicht aus der Zeitschrift Musenalp, 2/1992. p. 30
50 W. Foerster. Jugendlehre. Berlin 1905. p. 5ff
51 Heinz Remplein. Die seelische Entwicklung der Kindheit und Reifezeit. München 1949. p. 256ff
52 M. Bosch. Das Kind und das Außersinnliche. Zürich 1999
53 Hans Bender. Telepathie, Hellsehen und Psychokinese. München 1984. p. 19ff
54 C. G. Jung. Synchronizität als ein Prinzip akausaler Zusammenhänge. GW Bd. 8. Olten 1982
55 Danah Boyd. It's Complicated. The Social Lives of Network Teens. New Haven 2014

56 »Meine Mutter sagt: Ach komm, ich kenn dich doch! Meine Freunde sagen: Komm schon, wir kennen dich! Wie wollen sie mich alle kennen, wenn ich mich selber nicht einmal kenne?« *Gedicht eines vierzehnjährigen Mädchens*. Aus: Helmut Fend. Die Entdeckung des Selbst und die Verarbeitung der Pubertät. Bern 1994. p. 41
57 Die Darstellung der Forschungsmethodik kann hier nur ganz kurz sein. Für Näheres siehe: Peter Atteslander. Methoden der empirischen Sozialforschung. Berlin 1995 oder: Volker Gadenne. Die Gültigkeit psychologischer Untersuchungen. Stuttgart 1976
58 Gemäß Plomin zeigen Forschungen, dass Kinder nicht nur von der Umgebung geprägt werden, sondern dass sie sich die Umgebung gemäß ihren persönlichen Eigenarten gestalten. New Scientist (14.6.1997)
59 Judith Harris. The Nurture Assumption. Why children turn out the way they do. New York 1998
60 Thomas Immoos. Die Sonne leuchtet um Mitternacht. Archetypen in der Literatur. Olten 1996
61 Joseph Campbell. The Hero with a Thousand Faces. Princeton 1968
62 Norbert Bischof. Das Kraftfeld der Mythen. München 1996
63 André Glucksmann. Krieg und Frieden. Stuttgart 1996. p. 21ff
64 Cora Stephan. Das Handwerk des Krieges. Berlin 1998. p. 235ff
65 Allan Guggenbühl. Männer, Mythen, Mächte. Ein Versuch Männer zu verstehen. Zürich 1998
66 Barbara Walters. The Woman's Encyclopedia of Myths and Secrets. New York 1983
67 J. Sprenger & H. Institoris. Der Hexenhammer. Berlin 1906
68 Gustav Roskoff. Die Geschichte des Teufels. Bd. 2. Nördlingen 1987. p. 235ff
69 Walters. p. 1079
70 Erwin Leiser. Der Dämon und sein Bild. Frankfurt 1986
71 Ginette Paris. Aphrodites Wiedergeburt. Zürich 1990
72 Grinden heißt mit dem Rollbrett am Haltegriff eines Geländers entlangfahren.
73 Von to pose: aufschneiden
74 Allan Guggenbühl. Männer, Mythen, Mächte. Ein Versuch Männer zu verstehen. Zürich 1998
75 Allan Guggenbühl. Aspekte der Wahrheit. In: A. Guggenbühl & M. Kunz. Prahlerei, Lug und Trug. Zürich 1987. p. 10–29
76 Walter F. Otto. Dionysos. Mythos und Kultus. Frankfurt 1955

77 Richard Starkey alias Ringo Starr war in diesen Anfangszeiten der Beatles noch nicht dabei.
78 Alfred Adler. Kindererziehung. Frankfurt 1976. p. 163ff
79 Herbauer, Lempp, Nissen & Strunk. Kinder- und Jugendpsychiatrie. Berlin 1976
80 Im schweizerischen Schulsystem die zweithöchste Note
81 Paul Radin. The Trickster. A Study in American Indian Mythology. New York 1972

Weiterführende Literatur

Kasten, Hartmut: Pubertät und Adoleszenz, Reinhardt, München 1998

Seebald, Hans: Hexenkinder, Fischer, Frankfurt 1996

Pommerau, Xavier: Was ist eigentlich los mit mir?, Walter, Zürich 1998

Streit, Philipp: Wilde Jahre – gelassen und positiv durch die Pubertät, Kreuz, Freiburg 2013

Münnix, Norbert & Gabriele: Leben statt gelebt zu werden. Wie wir Kindern Orientierung geben, Walter, Zürich 1998

Wyrwa, Holger: Die Schlaraffenlandkinder, Beltz, Weinheim 1998

Guggenbühl, Allan: Die unheimliche Faszination der Gewalt. Denkanstöße zum Umgang mit Aggression und Brutalität unter Kindern, Edition IKM, Zürich 1995

Guggenbühl, Allan: Männer, Mythen, Mächte. Ein Versuch Männer zu verstehen, Edition IKM, Zürich 1998

Guggenbühl, Allan: Die Vogelbande, Edition IKM, Zürich 1998

Guggenbühl, Allan: Jugendgewalt, Herder, Freiburg 2012

Guggenbühl, Allan: Von Gangstern, Diven und Langweilern. Break-Thru – Geschichten als Inspirationsquelle, HEP, Bern 2014

Guggenbühl, Allan: Kleine Machos in der Krise, Herder, Freiburg, 2006